ARMAND BOURGEOIS

Le

GÉNÉRAL BONAPARTE

et la

Presse de son époque

PREMIÈRE SÉRIE. — Préface d'EUGÈNE MARTIN

PARIS

HONORÉ CHAMPION, ÉDITEUR

Librairie spéciale pour l'Histoire de la France et de ses anciennes provinces

5, Quai Malaquais, 5

1906

LE GÉNÉRAL BONAPARTE

et la Presse de son époque

ARMAND BOURGEOIS

Le GÉNÉRAL BONAPARTE et la Presse de son époque

(Première Série)

PARIS
HONORÉ CHAMPION, ÉDITEUR
Librairie spéciale pour l'Histoire de la France et de ses anciennes provinces
5, Quai Malaquais, 5

1906

Préface

On a dit autrefois que le journal avait tué le livre : on exagérait, car le livre trouve encore aujourd'hui des lecteurs. Mais le journal aurait le droit de se plaindre à son tour : car, combien de lecteurs parcourent de façon distraite et indifférente les innombrables feuilles qui passent sous leurs yeux ! Voyez, dans un compartiment de chemin de fer, ces numéros à peine lus dans la trépidation de la marche et qui, oubliés, jonchent les coussins et rappellent

Du spectacle d'hier l'affiche déchirée...

dont parle Musset. Qui se souvient, au bout de quelques instants, de ces articles où le journaliste avait essayé de mettre tout ce qu'il y a en lui de conscience, d'ardeur et de passion ?...

Si le journaliste n'était pas lui-même, comme le poète décrit par La Fontaine, cette chose légère, volant à tout sujet, et ne pensant plus le lendemain à son œuvre de la veille, il se dirait : « J'aurai ma revanche. » Seulement, il ne sera plus là pour la savourer.

Cette revanche, elle vient pour lui longtemps après, parfois au bout d'un siècle. Mais alors les érudits arrivent, comme M. Armand Bourgeois; ils ressuscitent et remettent en valeur ces articles épars en des feuillets jaunis. Que d'autres écrivent l'histoire d'après de longs et lourds mémoires, ou bien en secouant la poussière des archives officielles : M. Bourgeois s'adresse à la presse des époques disparues, et ces époques revivent dans toute leur intensité, avec toute la fièvre de leur existence.

Il est bon de connaître les faits dans leur ordre et à leur date : il est mieux encore de savoir l'émotion qu'ils causaient dans le pays. Et qu'est-ce donc, lorsqu'il s'agit de la période, à la fois tragique et glorieuse, de la Révolution? M. Armand Bourgeois publie : *Le général Bonaparte et la Presse de son époque*. Avec lui, nous tenons en mains ces journaux, plongés, comme on eût dit sous le Directoire, « dans les ombres de l'oubli. » Grâce à lui, on assiste à l'aube de cette gloire. Les lèvres des hommes apprennent à prononcer ce nom étrange. C'est surtout pour Bonaparte que semble avoir été écrit ce mot de Vauvenargues : « Les feux de l'aurore ne sont pas aussi doux que les premiers rayons de la gloire. »

Évidemment, le journal n'est pas l'histoire, ni peut-être même ne constitue les matériaux de l'histoire ; mais, par lui, nous connaissons les mouvements de l'esprit public ; nous subissons ses entraînements, ses enthousiasmes et aussi ses défiances. Nous savons quelle était, en France, la popularité de Bonaparte après sa première campagne d'Italie ; quelle était aussi sa popularité au dehors, chez ceux mêmes qu'il avait vaincus, et qui admiraient, plus encore que chez nous, le négociateur, l'administrateur, l'homme d'État.

Et puis, le journaliste est parfois ce que, dans l'antiquité, on appelait le *vates*, un *vates* qui ne cherche pas toujours en haut ses inspirations, mais que la passion politique, la haine surtout, rend parfois étrangement perspicace. Déjà, en 1792, entre Valmy et Jemmapes, un journaliste, qui s'appelait Marat, avait annoncé la défection de Dumouriez. En 1798, un journal dénonçait l'ambition de Bonaparte et voyait en lui le futur destructeur de la liberté.

Cette étude sur la presse au temps du Directoire est intéressante à rapprocher des pages que Sainte-Beuve a consacrées à un des maîtres du journalisme, à Mallet du Pan. Au début même de la Révolution, Mallet du Pan eut des vues profondes. C'est lui, en 1790, aux heures de l'anarchie spontanée dont Taine a parlé, qui répondait aux naïfs attendant le bien de l'excès du mal : « Non ! le mal ne peut produire que le mal », et il leur faisait entrevoir la Terreur imminente.

C'est lui encore qui disait : « La démocratie, en France, ne sera jamais qu'une révolution en permanence. »

Enfin, il avait prévu ce nouveau genre d'invasions barbares qui s'appellent l'insurrection de juin 1848, la Commune de 1871, lorsqu'il écrivait : « Les Huns et les Hérules, les Vandales et les Goths ne viendront ni du Nord ni de la mer Noire : ils sont au milieu de nous. »

Chose curieuse, ce penseur, ce grand esprit, même au temps d'Arcole et de Rivoli ou du traité de Campo-Formio, ne comprit pas la grandeur naissante de Bonaparte. Il se méprit sur le génie de l'homme en qui les uns voyaient un sauveur, les autres une menace.

Peut-être trouvera-t-on que la publication de M. Armand Bourgeois manque de suite et de méthode ; elle a, ce qui vaut mieux, la couleur et la vie. La figure charmante de la future impératrice Joséphine y apparaît de temps à autre, au second plan, et l'on aime à voir celle qui n'était encore que la générale Bonaparte, reçue en reine à Venise et promenée en gondole entre ces palais décorés en son honneur. Quel spectacle pour celle qui, quelques mois auparavant, était encore dans les cachots de la Terreur !

. . . .

Voilà pourtant ce que disent de vieux journaux... Que diront les nôtres dans cent ans ?... Je n'ose pas répondre à cette question.

E. MARTIN.

Châlons, 8 juillet 1906.

Avant-propos

Bonaparte préparant Napoléon ne mérite-t-il pas d'attirer profondément l'attention du penseur et de l'historien, et cette période intermédiaire n'est-elle pas de nature à tenter la plume de l'écrivain ?

Je vais m'y essayer, en demandant aux journaux de l'époque leurs appréciations, qui sont des menus côtés de l'histoire, non négligeables, tant s'en faut, et tels et tels récits des événements qui, pour ne pas constituer un premier plan, n'en sont pas moins très intéressants.

D'autre part, les moindres gestes, les moindres paroles de l'homme célèbre, que la grande histoire a laissés dans l'ombre, ne sont-ils pas une glane qu'on aurait tort de dédaigner ? Cette glane, je me baisserai volontiers pour patiemment en former la gerbe dont je ferai profiter mes lecteurs.

Qui eût cru que l'élève de l'Ecole Royale militaire de Brienne-le-Château, tenue par les religieux Minimes, parviendrait à de si hautes destinées ! Je rêve, quand je feuillette le programme des exercices publics des élèves de cette école pour l'année 1785 et vois parmi la liste de ceux qui devaient expliquer ou répondre sur des questions données, le nom de Buona Parte, d'Ajaccio, en Corse.

Peut-être paraîtra-t-il intéressant de connaître les sujets sur lesquels ces élèves devaient être interrogés :

Expliquer les trente-six premiers chapitres des *Hommes illustres de la ville de Rome*, depuis Romulus jusqu'à Paul-Emile ;
Donner une notion de la vie de chaque homme et rendre compte aussi du premier livre de Phèdre, ainsi que de la raison grammaticale des mots ;
Déclamer les fables de La Fontaine analogues à celles de Phèdre ;
Réciter la vie de chaque auteur avant l'explication qui devra en être faite ;
Répondre sur l'histoire de l'Ancien Testament, selon le *Petit Catéchisme historique* de M. Fleury ; sur la grammaire française et sur la géographie, conformément à un tableau dont la teneur était donnée.

Les humanités d'alors passaient pour plus approfondies qu'aujourd'hui. Ce programme en donne bien la note.

Brienne, le point de départ de Bonaparte, devait en être pour ainsi dire la fin, quand il y reparut pour livrer bataille aux alliés et les battre, lors de la fameuse campagne de France, ce dernier effort brisé par Waterloo.

N'est-ce pas en Champagne, à Brienne peut-être, que Béranger place sa chanson de l'aïeule racontant à sa petite-fille que Napoléon est entré chez elle pour se reposer quelques instants, lui montrant même le siège où il s'est assis, à quoi l'enfant émue répond :

— Il était assis là, grand'mère ?
— Il était assis là !...

. . . .

Ah ! ces souvenirs, qu'aujourd'hui encore ils nous remuent !

Que je comprends Georges d'Esparbès, le nouveau conservateur de Fontainebleau, s'efforçant de reconstituer dans l'admirable palais, les appartements du Premier Consul, auquel je dois consacrer un chapitre spécial.

— Que je comprends d'Esparbès, disant un jour dans une interview :

« On a dit que j'étais bonapartiste. Je suis Français et j'aime la gloire, mais j'ignore la politique. Je ne vois dans l'histoire que celle du passé. »

Et si je cite ce passage de l'interview, c'est parce que je l'approuve et qu'il représente ma propre façon de voir.

Hélas! si j'admire et si j'aime les gloires qui vont faire l'objet de mon ouvrage, que n'ai-je le talent de d'Esparbès pour les faire revivre, que ne puis-je faire passer, comme lui, le frisson patriotique dans les âmes?

Combien je regrette, toujours au point de vue de mon travail, d'avoir rencontré si peu, au milieu, cependant, de mes très nombreux documents, sur la Malmaison, où dans l'entourage du Premier Consul et de la séduisante Joséphine de Beauharnais, furent vécues les chevauchées si glorieuses des campagnes d'Egypte et d'Italie ; de la Malmaison qui, grâce à la générale Bonaparte, devint le rendez-vous des gens de lettres et des artistes du temps où, froidement didactiques, les poètes disaient des épingles « ces dards légers ».

Ducis, Lemierre, Népomucène Lemercier, Baour-Lormian, Andrieux, Legouvé, etc., durent leurs beaux jours à la Malmaison, dont la charmante Joséphine avait fait un élégant paradis.

Andrieux et Legouvé, le père du distingué académicien Ernest Legouvé, mort ces dernières années, laissèrent seuls des œuvres qui se recommandent ; le premier, *Le Meunier de Sans-Souci* ; le second, *Le Mérite des femmes*.

Le jeu de barres et des quatre coins était en honneur à la Malmaison, ce qui fut popularisé par la gravure. Il faisait oublier les complots tramés contre le Premier Consul, dans les moments où il habitait le château, témoin cette tabatière, exactement semblable à celle où il puisait son tabac, et disposée, ouverte, comme par hasard, sur une table. On espérait une méprise du Premier Consul ; le tabac était empoisonné, comme le révéla l'examen de cette tabatière qui avait paru suspecte ; témoin encore les conspirateurs se déguisant en gardes consulaires pour se mêler à l'escorte et profiter d'un passage écarté pour se ruer sur les vrais gardes, les massacrer et s'emparer de Bonaparte.

Oui, c'est mon très grand regret de n'avoir point trouvé des détails étendus sur la Malmaison où tant de généraux et d'officiers firent leur cour à l'exquise Joséphine et peut-être plus encore à son célèbre époux, où tant de généraux triomphants fleuretèrent entre deux campagnes avec de ravissantes femmes, croyant sans doute à de nouveaux triomphes.

A la Malmaison, Bonaparte passa sans conteste les meilleures années de son existence, puisqu'il n'y avait point encore conçu l'ambition de Napoléon qui le perdit, et la France avec lui ; puisqu'il y aima, puisqu'il y pensa en poète, car on prétend que, se promenant sous les beaux ombrages du parc, il n'entendait jamais sans une douce rêverie le son des cloches des environs, tintant dans l'air du soir.

Oh ! quelle consolation pour la France, de penser qu'aujourd'hui, grâce au généreux don de M. Osiris, elle possède le château de la Malmaison, tabernacle de nos gloires nationales !

J'ai dit que nombreuses sont mes sources. On le croira sans peine, quand j'aurai énuméré les journaux suivants aux multiples feuilles, quoique avec quelques lacunes de-ci de-là, qui sont en ma possession et que j'ai tout lieu de considérer comme des raretés frisant l'introuvable :

Le Correspondant (an VI), *Nouvelles de Paris* (an VI, an VII), *Journal du soir* (an VIII), *Le Nouvelliste politique* (an VI), *Le Propagateur* (an VII), *Bulletin républicain* (an VI), *Bulletin de Paris* (an V, an VI), *L'Ami de la Constitution* (1795), *Feuille politique* (an VI), *Portefeuille politique et littéraire* (1795), *Journal politique* (an VII, an VIII), *Courrier universel* (1794-95-96), *L'Echo de l'Europe* (1797),

La Quotidienne (an VI, an VII), *Le Publiciste* (ans VI, VII, VIII), *Journal des Débats* (ans VIII, IX, X, XI), *L'Ami des Lois* (an VII), *Journal général de France* (1797), *Bulletin de la République* (an VI), *Le Thé* (an V), *La Toilette* (an VI), *Le Véridique* (1796), *Feuilleton de la littérature* (supplément à *La Quotidienne*).

C'est donc largement, qu'à l'aide de ces documents, on peut vivre une époque, la toucher du doigt, la respirer, en avoir la sensation présente, en subir la passion entraînante et neuve, en percevoir la vérité immédiate.

Je vais plus loin, je regarde comme de mon devoir, pour les générations actuelles, de ne point garder pour moi seul le fruit de mes trésors. Puissé-je leur communiquer, par suite, la passion de l'histoire de notre pays, car avoir cette passion, c'est avoir celle de la patrie.

Armand BOURGEOIS.

LE GÉNÉRAL BONAPARTE
et la Presse de son époque

PRÉLIMINAIRES

LE GÉNÉRAL BONAPARTE JUGÉ PAR SON TEMPS

Quel plus beau cadre à donner au travail que j'ai entrepris, que de faire connaître le point de départ de celui qui a étonné et qui étonne encore le monde!

N'est-il pas vrai qu'il est des hommes qui grandissent tout à coup au milieu de la multitude qu'ils surprennent, et qu'alors tous les regards, toutes les attentions se fixent sur eux ; qu'on recherche, par suite, les détails de leur conduite précédente ; qu'on veut voir si l'on découvrira, dans ce qu'ils ont été, le principe de ce qu'ils sont. Tel est le cas du général Bonaparte.

Né en Corse, il fut élevé en France, à l'école militaire de Brienne, où il fit de bonnes études. Placé de bonne heure dans l'artillerie, il y parvint bientôt au grade de capitaine. Entre temps, il s'adonnait à l'étude de l'histoire et de la politique. Son inquiète activité, ses efforts pour imiter les héros de l'antiquité, passaient, aux yeux de ses camarades, pour de l'ambition démesurée.

Appelé au siège de Toulon pour en diriger les batteries, il trouve à redire aux dispositions des généraux, au risque d'être traité de présomptueux ; ceux-ci ne l'en consultent pas moins, et il contribue à la fuite des Anglais et à la reprise de la ville.

Nommé, en récompense, général d'artillerie de l'armée d'Italie, il se trouve forcé de seconder des plans qu'il désapprouve, et conçoit, dès lors, le projet de campagne que l'avenir devait lui réserver de mettre à exécution.

Puis, appelé à la défense des côtes de la Méditerranée, il remplit cette nouvelle mission avec autant de succès que d'économie et, brusquement, le Comité de Salut public le fait passer dans l'infanterie. Ce déplacement le mécontentant, il s'en vient à Paris pour solliciter la permission de se rendre à Constantinople, afin d'y servir contre l'Autriche. Le Comité y consentit, lorsque, sur ces entrefaites, arriva la fameuse époque de vendémiaire. Barras venait d'être nommé général en chef. Aussitôt, il s'adjoint Bonaparte comme lieutenant et le charge de repousser la dangereuse insurrection du 13 vendémiaire. Cette malheureuse journée fut couronnée de succès et valut à son auteur d'être nommé général de l'armée de l'intérieur. C'est alors qu'il fit plus ample connaissance de la jeune et riche veuve Joséphine de Beauharnais, qu'il épousa pour, peu après, la quitter et voler à la conquête de l'Italie, comme général en chef.

Il est jeune encore : il n'a que vingt-sept ans. Il est petit, il est mince, il a une figure pâle et maigre, mais pleine de feu et de fierté. D'un sang-froid admirable dans les dangers, il ne désespère jamais du succès ; les obstacles, au contraire, semblent le mettre plus à son aise. Il est sérieux et taciturne dans les grands cercles ; mais, dans l'intimité, il parle avec grâce et précision ; il se plaît dans les discussions littéraires, philosophiques et politiques, et pratique naturellement les vertus douces et domestiques.

En effet, si Henri IV est réputé s'être fait enfant avec les enfants, en les portant sur son dos et en marchant à quatre pattes, Bonaparte aimait à les porter sur ses genoux, tout en se mêlant à leurs jeux. Les petits Murat en surent quelque chose.

Ne nous est-il pas revenu qu'il passa d'heureux instants à la Malmaison, où le jeu de barres était en faveur, où il aima Joséphine de Beauharnais dans une poétique et douce intimité, toutes les fois que les événements politiques lui en laissèrent le temps ?

PREMIÈRE PARTIE

De la Campagne d'Italie au Traité de Campo-Formio (1796-1797)

CHAPITRE I

Une poignée de victoires. — Appréciations d'un rédacteur du Courrier Universel *sur les victoires d'Italie. — Les Français accueillis avec enthousiasme et crainte, tout à la fois. — Anecdote sur la citoyenne Bonaparte. — Quelques lettres. — Le général Bonaparte jugé à l'étranger. — L'envie qui laisse déjà percer le bout de l'oreille. — Intéressante particularité de l'île de Corfou.*

La campagne d'Italie est commencée, et brillamment commencée, par la victoire de Montenotte, dont Bonaparte rend compte au Directoire le 26 germinal, du quartier-général de Carrare (*Le Véridique* du 25 avril 1796).

Je dirai tout à l'heure mon regret et pourquoi je ne réédite pas ces rapports, ces lettres, ces proclamations, au style si éloquent et si chaud. Oui, elle est commencée, cette campagne d'Italie qui révéla le grand génie militaire de Bonaparte, qui fit l'étonnement et l'admiration du monde entier, qui couvrit la France d'une gloire incomparable jusqu'à ce jour.

A quoi tiennent donc les événements ! C'est la façon énergique dont il repoussa l'insurrection parisienne du 13 vendémiaire (5 octobre 1795), qui attira l'attention sur lui en le faisant nommer, comme récompensé, général de division, avec le commandement en chef de l'armée de l'intérieur. L'année suivante, grâce aux indications de Carnot, qui se connaissait en hommes, il recevait le commandement en chef de l'armée d'Italie, qui se trouvait dans les plus tristes conditions à ce moment, car elle se faisait battre, se laissait désorganiser et manquait de tout. Bonaparte, ainsi qu'on va le voir, se chargea de la métamorphoser.

Quelques lacunes dans le grand nombre, pourtant, des journaux contemporains en ma possession, me privent certainement de plus d'un détail intéressant, sur ces batailles qui ont nom Mondovi, Castiglione, Arcole, Rivoli, où furent vaincus des généraux fameux comme Beaulieu, Wurmser et Alvinzi.

Maintenant, je me fais le glaneur en ce champ glorieux.

Dans le *Courrier Universel* du 28 avril 1796, on trouve un remarquable rapport où le général Bonaparte fait le récit du combat de Dego, de celui de Saint-Jean et de l'occupation de Montezemo. Je résiste avec peine au désir de le publier, ainsi que les proclamations si belles, si entraînantes du grand capitaine ; mais le tout n'a-t-il pas été réuni déjà tout spécialement, ne citerai-je que les deux tomes d'*Œuvres diverses de Napoléon*, qui ont paru en 1827, à Paris, Librairie ancienne et moderne, Palais-Royal, galerie de Bois, n° 263-264. Je sais bien que d'aucuns regretteront de ne point les trouver rééditées dans mon ouvrage ; mais étant donné son titre même, ne dois-je pas l'alléger de ces documents, si remarquables qu'ils soient ?

— Du quartier général de Cherasco, du 8 floréal an IV, rapport de Bonaparte sur la bataille de Mondovi ;

— Du quartier général de Lodi, du 27 floréal, an IV, rapport sur la bataille de Lodi ;

— Très remarquable appréciation sur les victoires d'Italie.

« Cesse de vaincre ou je cesse d'écrire », disait Boileau à Louis XIV. On peut l'appliquer à Bonaparte. La plume haletante du journaliste peut à peine suivre la marche impétueuse du général qui, en moins de quinze jours, a conquis tout le nord de l'Italie, dissipé des armées formidables avec des troupes qui manquaient de tout, vaincu et déconcerté un des plus fameux généraux du siècle et frappé un de ces coups qui changent brusquement la face politique de l'Europe.

« Déjà les puissances voisines ont acheté, par des soumissions et des contributions militaires, la conservation de leurs Etats. Les autres s'empressent, non plus de reconnaître la République, mais de rechercher son amitié ou de venir en personne subir ses lois. La cour de Naples, celle du Pape, ont nommé des plénipotentiaires pour se rendre à Paris, comme jadis tous les souverains en envoyaient à Rome ; la Toscane s'applaudit de sa prudenee et de son respect pour la neutralité ; Venise voudrait bien faire oublier sa conduite ambiguë, en chassant les émigrés avec leur chef, en refusant un asile à Beaulieu et à son armée vaincue.

« L'explosion de ce coup de foudre a retenti sur le Rhin ; elle a enflammé d'émulation nos armées et consterné celles de l'ennemi. Il craint, en ouvrant la campagne, de doubler notre considération par de nouveaux triomphes ; il ose enfin nous témoigner son estime. C'est par des bals, des fêtes, que ces barons, ces hauts et puissants seigneurs cherchent à captiver des roturiers que, naguère, ils affectaient de mépriser.

« La cour de Vienne, n'osant plus se fier à ses plans de campagne ni à son système héréditaire, regrette de n'avoir pas accepté la paix et, pour n'avoir pas su renoncer, au nord, à la possession de quelques provinces ingrates et rebelles, voit lui échapper, au midi, la plus riche, la plus belle partie de ses états.

« Ebranlée de la même secousse, l'Angleterre se venge en vain de nos succès par de nouvelles perfidies envers la maison d'Orange, comme envers celle de Bourbon. En vain, pressés par le danger commun, les partis du ministère et de l'opposition se rapprochent : ils ne peuvent plus empêcher cette Vendée, si perfidement alimentée, de s'éteindre ; cette coalition, si chèrement payée, de se dissoudre ; ces vastes projets de suprématie politique et commerciale de tourner contre eux-mêmes ; et tout le poids d'une guerre, dont ils devaient seuls recueillir l'avantage, de retomber sur eux seuls en les écrasant.

« Ainsi la France, qu'on voulait effacer de la carte d'Europe, en devient le point le plus marquant. Cette République, qu'on songeait à partager, ôte ou donne des Etats aux rois vaincus. Ses immenses ressources, doublées par l'esprit de liberté qu'on a soufflé, par l'habitude des conquêtes auxquelles on l'a forcée, par la force d'un gouvernement constitutionnel qu'on affermit en voulant le renverser, lui assurent, maintenant, une influence aussi étendue que brillante ; et c'est surtout en jetant dans la balance l'épée de Bonaparte, qu'elle a rompu pour jamais l'équilibre que la coalition croyait avoir établi. » (*Courrier Universel* du 24 mai 1796).

La situation est peinte à merveille par cet article et donne absolument la note du moment. Quels beaux jours pour notre histoire !

Que dit-on à Paris ?

Que Bonaparte continue d'avancer dans le cœur de l'Italie ; que nos troupes sont devant Bologne, qui lui a envoyé des députés ; que le général Augereau s'avance dans la Romagne.

Que le duc de Parme allait vendre sa vaisselle et ses diamants pour payer les deux millions auxquels les Français l'ont imposé, lorsque les habitants de sa capitale se sont cotisés pour lui avancer cette somme ; qu'il vit en bonne intelligence avec ses sujets et avec les Français.

Qu'à Milan, la moitié des habitants avaient arboré la cocarde tricolore avant l'arrivée des Français ; que les nobles avaient fait dégalonner leur livrée et mettre des nuages sur les armoiries de leurs voitures ; qu'on avait affiché au palais de la cour : « *Maison à louer, les clefs chez le commissaire Salicetti* ».

Que le duc de Modène, peu curieux de la visite des Français, s'est retiré à Venise, laissant pour la rançon de ses Etats 30.000 sequins (5 millions 100 mille livres), mais qu'il n'en a pas été quitte à si bon compte et a été taxé de dix millions, sans compter vingt tableaux des plus grands maîtres.

— Une petite anecdote. On racontait que l'épouse du général Bonaparte venait d'être galamment dénommée *Notre-Dame des Victoires*. Et quel nom donnerons-nous à Mme Tallien ? demandèrent quelques-uns de ses adorateurs présents. — Appelez-la, leur répondit-on, *Notre-Dame de Septembre*. (*Courrier Universel* du 1er juin 1796).

En est-il beaucoup qui savent ce qui amena l'appellation bien connue de *Notre-Dame de Septembre ?* Les à côté de l'histoire ne sont pas seulement captivants, mais ils contribuent encore à la confirmer. Aussi, citerai-je volontiers cette lettre d'un adjudant général de l'armée d'Italie, en date du quartier général et de Milan, le 2 prairial an IV :

« Il y a quelque temps que je ne vous ai donné de mes nouvelles ; les courses rapides que j'ai faites dans la dernière quinzaine ne m'ont pas laissé un moment de liberté. Je suis allé de Chambéry à Plaisance, à Pizigglono, retourné à Chambéry, et j'ai rejoint l'armée à Milan, dans l'espace de quinze jours. Si ma marche a été rapide, la sienne (celle du général Bonaparte) ne l'a pas été moins ; elle a obtenu et obtient tous les jours des succès propres à consterner l'Europe. La bataille de Lodi, gagnée le 23 floréal, par un coup d'audace qui caractérise les Français, nous a valu et assuré la conquête du Milanais. Notre armée, qui est entrée déguenillée et ruinée en Italie, se rétablit et sera bientôt dans l'état le plus florissant. Beaulieu, consterné, s'est renfermé dans les marais de Mantoue : nous allons l'y chercher, nous ne lui donnons pas le moindre repos. Il faut détruire entièrement l'armée autrichienne. Cette affaire terminée, nous ne trouverons plus aucun obstacle pour marcher au Capitole. L'entrée de l'armée française dans Milan a été on ne peut plus flatteuse : toute la ville, qui s'empressait de voir cette armée victorieuse, des bals et des soupers, des fêtes. La cocarde nationale a été arborée. Il s'est formé de suite une garde nationale qui fait le service, de concert avec la troupe. Une Municipalité composée d'hommes honnêtes et probes a été organisée : c'est encore *chose assez singulière*, un *duc* qui est à la tête.

« L'armée observe la plus grande discipline ; à peine s'aperçoit-on, dans Milan, qu'on est dans une ville conquise et qu'on fait le siège du château, où l'ennemi a laissé 2.000 hommes, qu'il doit regarder comme perdus ».

Parmi les objets de science et d'art que l'on transporta de Milan à Paris, outre les cartons de l'école d'Athènes, par Raphaël, plusieurs tableaux du *Guide*, du *Corrège* et des *Carrache*, on distinguait un manuscrit, écrit sur le papyrus d'Égypte, ayant environ onze cents ans, sur les antiquités de *Joseph*, par *Ruffin*, et un autre de *Virgile*, ayant appartenu à *Pétrarque*, avec des notes de sa main.

Qu'on a raison de dire de l'Italie : patrie des arts !

— Prise de Peschiera par Bonaparte, le 13 prairial. Manifeste du même à la République de Venise. Lettre du même au Directoire, équivalant à un rapport sur ces derniers faits. Il y apprend que les Autrichiens sont entièrement expulsés de l'Italie.

— Nouvelle lettre au Directoire, datée du quartier général de Peschiera, du 25 prairial. Elle rend compte de la conspiration de Pavie, du combat et de la prise de cette ville.

— Proclamation du 9 prairial au quartier général de Brescia, où Bonaparte donne à réfléchir aux rebelles.

— Du quartier général de Milan, 20 prairial, il fait connaître au Directoire qu'après le combat de Borgetto, le passage du Mincio, la prise de Peschiera et la fuite de l'ennemi dans le Tyrol, l'armée a investi la ville de Mantoue. Nombre de détails intéressants sont dans cette lettre.

— Au théâtre de Milan, on jouait le *Caton d'Utique* de Metastase. Bonaparte et Masséna assistaient au spectacle. On fit répéter trois fois la scène entière, à la fin de laquelle Caton, renvoyant l'agent de César, lui dit : « Retourne chez le tyran qui t'envoie, va courber ton front sous celui que tu appelles ton maître, mais cesse de prendre le nom de romain tant que tu vivras dans l'esclavage. »

Le parterre aurait voulu forcer Bonaparte à recevoir une couronne de lauriers; il ne put se soustraire à l'enthousiasme *(al fanatismo)* qu'en s'esquivant par une des portes latérales du théâtre *(Courrier Universel)*.

— Lettre du général Bonaparte au Directoire, l'informant de la prise de Bologne et de la citadelle d'Ancône. (Quartier général de Pistoja, 8 messidor).

— Du quartier général de Milan, le 14 messidor, Bonaparte apprend au Directoire exécutif qu'il s'est emparé de Corfou, où il organise le régime démocratique.

Une très curieuse particularité :

Lorsque le général français Gentily débarqua dans l'île, le peuple le reçut avec enthousiasme. A sa tête, était le *papa*, ou chef de la religion du pays, homme instruit et d'un âge déjà avancé. En s'approchant du général, il lui dit :

« Français, vous allez trouver dans cette île un peuple ignorant dans les sciences et les arts qui illustrent les nations ; mais ne le méprisez pas pour cela ; il peut devenir encore ce qu'il a été. Apprenez, en lisant ce livre, à l'estimer. » Le général ouvrit avec curiosité le livre que lui présentait le *papa*, et il ne fut pas peu surpris en voyant que c'était *l'Odyssée*, d'Homère.

Ne sont-ils pas prenants, ces reflets d'un passé glorieux aussi ?

— Du quartier général de Ciamône, 21 fructidor, Bonaparte informe le Directoire de la victoire de Bassano, remportée sur le général Wurmser.

— Dans une lettre datée du quartier général de Bassano, le 23 fructidor, il donne plus de détails encore des combats successifs couronnés par celui de Bassano, et demande des récompenses pour ceux qui se sont distingués.

Ah! il aimait le soldat et tenait à ce qu'il ne fût jamais oublié! Combien lui durent le sabre d'honneur qui faisait l'orgueil de plus d'une humble famille!

Avant de parvenir à forcer le vieux général autrichien Wurmser dans Mantoue, Bonaparte s'est vu obligé de livrer et de soutenir les plus terribles combats: ceux de Céréa, Castellare, de Porte-Legano, de Castelli et Saint-Georges, qui forcèrent l'ennemi, très désemparé et très décimé, à se rejeter dans Mantoue (*Courrier Universel* du 27 septembre 1796).

Tout cela avait une promptitude d'éclair, bien faite pour déconcerter des ennemis qui étaient loin d'être à dédaigner.

Quelle magie!... Quelle merveille, enfin, que cette campagne d'Italie, qui, indépendamment des qualités hors ligne et sans exemple jusque-là, de stratège, prouva encore ce qu'on peut faire avec des soldats bien entraînés et qui avaient toujours les yeux sur leur drapeau, comme, au fond de l'âme, l'amour sacré et intransigeant de la patrie!.. Pour ceux qui succombaient, quelle consolation de sentir que leur sacrifice avait des résultats si grandioses! Pour ceux qui restaient, combien les joies du triomphe les transfiguraient!

Cette première campagne, ce beau lever de soleil, ce premier acte de la grande épopée, ne laisse pas derrière lui, tant s'en faut, au point de vue de la tactique militaire habile et audacieuse, le dernier tableau qui a nom la campagne de France, car, avec pas plus de moyens qu'à son arrivée en Italie, Bonaparte, devenu Napoléon, tint tête aux innombrables armées des alliés, les battant l'une après l'autre avec une foudroyante rapidité: Champaubert, Vauchamps, Montmirail, Marchais, sur un parcours de 25 kilomètres, en sont un mémorable exemple. Sans d'imprévues trahisons, il sauvait la situation, et le dernier acte du drame eût été même trouvé le plus beau, car il représentait, aux yeux de l'Empereur, son dernier homme, son dernier fusil, son dernier canon. Mais nous sommes loin encore des pleurs, et je n'ai pas fini, tant s'en faut, de parler des joies, des triomphes et des beaux jours de la gloire française.

CHAPITRE II

Tout n'est pas rose à Venise. — On envisage le cas où Bonaparte deviendrait un dictateur. — Bruits de conspiration et de menées contre-révolutionnaires. — Petite note satirique. — Wurmser se défend avec acharnement.

Avant de continuer, qu'il me soit permis de demander quelque crédit pour certains mélanges de dates amenés par un tel maniement et une telle diversité de feuilles. L'intelligence du lecteur — ceci est pour me rassurer — y suppléera facilement.

Qu'il y a à cueillir dans cette prodigieuse odyssée de l'armée d'Italie ! Qu'on en juge par ce qui suit :

Extrait d'une lettre particulière de l'armée d'Italie

« Les Français sont détestés dans ce pays-ci. J'ai été à deux doigts d'être assassiné à Venise; la fortune m'a sauvé. Depuis deux jours le gouvernement y a changé de forme, il est démocratique. Il n'y a plus de doge ni d'inquisiteurs d'Etat. Le mot de *cittadino* remplace celui d'*excellenza* ; mais comme on nous a coulé bas une frégate qui voulait entrer dans le port et massacré l'équipage, Buonaparte demande dix têtes. Nous tenons toute la côte et rien n'entre plus dans Venise ; ils n'ont plus d'eau douce.

« Des députés de Venise sont près de Buonaparte, avec plein pouvoir de consentir à tout ce qu'il pourra désirer. »

(*La Quotidienne*).

En date de Milan 5 mai, de très intéressantes et pittoresques choses parviennent à la connaissance. Le général en chef Buonaparte est attendu d'un moment à l'autre. On lui prépare de magnifiques fêtes ; les patriotes de cette ville espèrent qu'à son arrivée il mettra la dernière main à l'édifice de la liberté lombarde. Déjà la déclaration qui confirme cette nouvelle existence, a été célébrée par des réjouissances. Il n'y a qu'à en demander la relation enthousiaste au *Journal des patriotes de l'Italie* : « L'archevêque de Milan a fait rendre grâce au Très-Haut pour la déclaration de notre liberté. Un grand nombre de belles citoyennes ont assisté à la cérémonie et il s'y est fait plusieurs mariages à la républicaine. Quelques prêtres ayant vu la parade des braves gardes nationaux, jetèrent leurs tristes habits noirs et prirent l'uniforme légionnaire et le panache tricolore. Les filous firent de bons coups et quantité de montres furent enlevées avec adresse. On baptisa un républicain français. Un capucin se coupa la barbe. Après le *Te Deum*, on chanta la *Carmagnole* et on joua le *Ça ira*. Pendant les litanies, au lieu de dire le *Kyrie*, on cria *Vive la République*. L'archevêque était un peu inquiet de ce contraste plus grand que celui même de l'architecture gothique du dôme. A la fin, il se décida à donner à tous, en masse, la bénédiction. »

De Gênes, le 15 mai, on apprend que Bonaparte est à Venise, tout occupé de régénérer cette république.

De Paris, 23 mai, on fait savoir qu'on prépare une nouvelle expédition dans les ports de la Manche ; on ne cache point que l'Angleterre n'en soit l'objet. On ajoute qu'on destine Bonaparte à aller s'essayer contre les Anglais.

Le 18 mai, le général Bonaparte partait de Milan pour Venise et y organisait le nouveau gouvernement. La représentation vénitienne devait être composée de deux Chambres, haute et basse, afin de concilier les intérêts de la noblesse et de la bourgeoisie. La puissance des Vénitiens devait se réduire à la marine marchande, la marine militaire, jusqu'aux ouvriers, devant passer au service de la France. A cette condition, il était donné aux Vénitiens d'aspirer à l'alliance de la République française. Le général Augereau avait préparé ces dispositions en entrant à Venise avec 800 hommes de troupe et en y faisant planter l'arbre de la liberté.

Tout cela ne se fit pas sans résistance préalable. Le 12 mai, il avait été arrêté définitivement que le gouvernement serait démocratique et qu'on laisserait entrer les Français dans Venise, pour qu'ils fissent les arrangements qu'ils jugeraient convenables. Mais dès que les manifestes et proclamations de la nouvelle municipalité érigée sur le pied français furent publiés et affichés, le peuple entra dans la plus grande fureur, arracha tous les placards et les mit en pièces sur la place Saint-Marc, fondit ensuite dans les maisons des nouveaux municipaux et y causa beaucoup de dommages. Le peuple, enfin, secondé par les Esclavous, s'est emparé de l'arsenal, a équipé les chaloupes canonnières et les a placées aux endroits où les Français pouvaient arriver sur Venise du côté de la terre ferme. On a parlé plus haut, du reste, des crimes que les émeutiers commirent contre les Français. D'autre part, ils s'étaient portés au palais du doge, pour le forcer à reprendre sa dignité, sans pouvoir le trouver.

De pareilles scélératesses demandaient qu'on sévît, ce que le gouvernement français ne manqua pas de faire.

Tout d'abord, la liberté et l'égalité furent proclamées solennellement et les habitants arborèrent le drapeau tricolore. L'évêque et un grand nombre de nobles soupçonnés d'avoir fomenté l'émeute furent mis en arrestation, une contribution de 5 millions 400 mille livres fut imposée à la ville; on saisit toute l'argenterie, même celle des particuliers. Les armes furent enlevées partout. On fit un inventaire des propriétés des nobles, dont les revenus furent provisoirement confisqués au profit de la République. Les impôts sur le vin, le pain, le sel, la viande, le tabac furent abolis, ainsi que la noblesse et tous les titres.

Enfin, l'apaisement se fit et les Français créèrent une municipalité de 60 membres, de tous états et de toutes nations, tels que Grecs, juifs, gentilshommes, bourgeois, etc. Voici quel fut le manifeste de la nouvelle municipalité.

« Depuis cinq cents ans, les nobles seuls pouvaient parvenir à la régence. Ils renoncent aujourd'hui de leur propre mouvement à cette prérogative. En attendant que les différentes provinces de la république de Venise aient nommé leurs représentants, la municipalité provisoire de 60 membres sera chargée du gouvernement. Il y a amnistie générale et oubli du passé. Les ex-nobles peu fortunés et leurs femmes seront pensionnés par l'Etat, en récompense de la bonne volonté avec laquelle ils ont renoncé aux privilèges dont ils jouissaient. Toutes les personnes qui ont éprouvé des pertes dans l'insurrection du 12 seront indemnisées. Toutes les dettes contractées par l'ancien gouvernement sont reconnues et la nation se charge de les acquitter. L'établissement de la banque, celui de la monnaie et du fisc seront maintenus dans l'état où ils étaient. »

On sent en tout cela la main sage de Bonaparte.

Quant au doge, il avait fait imprimer et publier un écrit dans lequel il annonçait qu'il s'était démis, le 14 mai, de sa dignité et que le ci-devant gouvernement aristocratique était remplacé par une démocratie ou gouvernement populaire.

La paix demeure de plus en plus probable.

De Milan, 20 juillet. Bonaparte attendait depuis plusieurs jours un courrier auquel était subordonné son départ pour Udine où la paix définitive avec l'Empereur devait se consommer. Le courrier désiré venait d'arriver et Bonaparte, en rompant le cachet et en ouvrant la dépêche, ne fut pas maître d'un mouvement qui décela sa joie; c'est peut-être la première fois où il a été pénétrable, fait-on remarquer.

Des ordres furent donnés aussitôt pour hâter la confection des superbes présents qu'il destinait aux ministres de l'Empereur. Il faisait frapper, d'autre part, des médailles pour immortaliser ses victoires, et dresser des arcs de triomphe, pour célébrer le courage de son armée.

Il partit immédiatement pour la conférence d'Udine.

Quelques jours avant son départ, faisant toujours œuvre d'administrateur, il avait incorporé la ville et le territoire de Vérone à la République cisalpine.

Venise supportait difficilement son joug. Son gouvernement avait insinué à Bonaparte qu'après la perte de la Dalmatie, Venise devait s'attendre à la ruine. C'est de cette province qu'elle tirait tous les bois pour la construction des vaisseaux et des édifices, ainsi que les meilleurs matelots, les bêtes à cornes.

En attendant, Bonaparte défendait le port des poignards et d'autres armes cachées, sous peine de deux mois de prison.

Tandis que Bonaparte travaillait en Italie à la gloire de la France, il était en butte aux menaces des Jacobins. Je cite à cet égard l'article intitulé : *le Général Buonaparte et l'armée d'Italie*, article qui, en vérité, fait penser au fameux 18 brumaire.

« Je cherche qui mérite à Buonaparte la préférence injurieuse qu'on lui donne sur tous les généraux de la République, en l'associant aux projets d'une faction dont le nom fait rougir ceux mêmes qui la composent. Les Jacobins regardent-ils sa conduite au 13 vendémiaire comme un gage de sa fidélité ? Mais quand même sa gloire et ses services n'auraient point effacé la trace de sang qui rejaillit sur lui, chacun sait qu'à cette époque, Bonaparte, jeune subalterne obscur, obéissait aux ordres d'un chef. Aussi l'horreur de cette journée affreuse doit-elle retomber à jamais sur la tête de ceux qui l'avaient préparée et qui en précipitèrent la fatale explosion.

« Placé depuis lors à la tête de l'armée d'Italie, Buonaparte, dans les circonstances les plus difficiles, a développé les ressources d'un caractère digne de sa fortune et supérieur à ses revers. On a beaucoup loué son courage, son activité prodigieuse et ce coup d'œil si prompt et si sûr, qui dans les plus grands dangers, lui découvre tout à coup des ressources aussi certaines qu'imprévues ; mais on n'a point assez étudié l'art avec lequel il a dirigé l'impétuosité du soldat et contenu la jalousie des généraux ; sa prudence froide au milieu de l'incendie qui menace de consumer toute la Lombardie, sa politique adroite dans l'organisation de la république cisalpine et surtout ses moyens imperceptibles par lesquels, sans obtenir l'attachement et la confiance des Italiens, il a tellement subjugué leur opinion et leurs vœux, qu'il s'est fait, au milieu d'eux, une existence absolument isolée, et que de tous les généraux qui ont partagé ses travaux, aucun ne partage son influence ni son pouvoir. En examinant avec soin cette position aussi neuve qu'imposante et qui semble justifier le délire même de la plus vaste ambition, qui croira que Buonaparte, après avoir porté les armes françaises en Italie plus loin que Villars et Vendôme, voulut devenir, à la tête d'une armée révolutionnaire, l'émule de *Rossignol* et de Ronsin ?

« Tel est pourtant le rôle que lui destinent aujourd'hui ceux qui le flagornent avec aussi peu d'adresse que de pudeur. J'avoue que je ne connais aucune circonstance capable de déterminer un homme que personne n'accusera d'une folie à se charger d'une entreprise pareille. Cependant, il n'est peut-être pas inutile d'en calculer ici l'infaillible résultat.

« Supposons que dans le sein du Directoire exécutif une majorité coupable eût formé le projet d'asservir ou de mutiler la représentation nationale et de marcher au gouvernement militaire sous les drapeaux d'un général victorieux ; supposons encore qu'elle eût choisi Buonaparte, que celui-ci se prêtât à l'exécution de ce plan odieux ; eh bien ! l'instant qui le verrait donner à ses troupes l'ordre de franchir les Alpes pour marcher contre la capitale, cet instant aurait déjà flétri ses lauriers et préparé son échafaud. »

Et enfin, après avoir examiné une à une les diverses tentatives possibles dans la circonstance, mais douteuses comme succès, l'auteur termine de la sorte : « Mais enfin j'accorde tout ; il vaincra : son étoile fera pâlir celle de la liberté. Supérieur à tous les obstacles comme à toutes les lois, il aura l'effroyable avantage d'anéantir la constitution, l'ordre social, la fortune publique, les propriétés des citoyens. Je le répète : le jour de cet horrible triomphe sera la veille de son supplice ; le lendemain, ses succès appartiendront à l'histoire et sa tête au bourreau. »

. . . .

(*La Quotidienne* du 5 août 1797).

Que signifient ces quelques lignes de *La Quotidienne* du 10 août et faut-il les rapprocher de ce qui précède :

« J'ai vu hier deux officiers de l'armée d'Italie : je leur demandai si les troupes qui, selon l'expression de Buonaparte, *devaient repasser les Alpes avec la rapidité de l'aigle*, s'étaient déjà mises en marche ; il s'en faut de beaucoup, me répondirent-ils, que ce soit là l'esprit qui anime la majorité des soldats français qui sont en Italie ; la division de Bernadotte et une grande partie de celle de Serrurier, qui sont composées de cavalerie, se sont franchement déclarées contre un tel projet ; si nos camarades égarés s'ébranlent, disaient hautement les braves dragons, *nos chevaux iront plus vite que les aigles et nous ne souffrirons pas que la patrie soit de nouveau livrée aux oiseaux de proie.* »

Anecdote officielle, est-il en outre mis entre parenthèses.

Ces quelques phrases rendraient véritablement songeur.

On parle, en effet, de conspiration tramée contre le Corps législatif, de menées contre-révolutionnaires.

Une petite note satirique du *Thé*, du 2 août 1797. *Le Thé* a, du reste, pour devise : *Je vois de loin, j'atteins de même* (La Fontaine) :

« La fameuse harangue du général Buonaparte a fait parler les muets et marcher les boiteux. A son exemple, le général Augereau vient de faire aux soldats de sa division un discours de la plus grande éloquence sur tous les lieux communs de la Révolution. A l'exemple d'Augereau, chaque capitaine a péroré sa compagnie et le dernier caporal s'est cru dans l'obligation de haranguer les tambours. S'il faut à ces orateurs un Tite-Live, M. Poultier leur en servira. Son empressement à recueillir jusqu'aux moindres expressions du héros de l'Italie, le désigne d'avance à cet honorable emploi ; l'exactitude dont il se pique nous assure qu'il nous les transmettra avec la plus grande fidélité.

BERTIN D'.....Y.

Redoute-t-on déjà l'influence de Bonaparte ?

Voici ce que dit *le Journal général de France*, du 7 août 1797 :

« Augereau doit être arrivé à Paris, il y vient avec une simple permission de Buonaparte pour prétendues affaires de famille. Le ministre de la guerre est, dit-on, fort surpris de ce voyage, pour lequel on n'a pas demandé son avis ni celui de son prédécesseur. »

Je conviens que les documents que je possède m'ont fourni peu sur l'an IV et sur l'an V ; c'est à mon très grand regret, encore est-il que je me serais reproché de passer sous silence ce peu, malgré tout, bien intéressant. Je me dédommagerai avec l'an VI, où le copieux des choses rapportées effacera tout à fait, je l'espère, la certaine désillusion que j'ai fait éprouver au lecteur.

A propos de ces documents, dirai-je encore, si j'étais encouragé à faire une nouvelle édition de mon œuvre, si mes premiers sacrifices, en un mot, étaient récompensés, je crois que je me déciderais et, cette fois, j'ajouterais une annexe contenant *in extenso* ces admirables rapports, lettres et proclamations de Bonaparte au Directoire, qui les émaillent. L'idée peut être bonne et je crois finalement qu'on m'en saurait gré. Ne serait-il pas difficile, en effet, aujourd'hui, de trouver un recueil de ces écrits ? A l'avenir de parler !

CHAPITRE III

Conclusion de la paix. — Bonaparte jugé par un journaliste allemand. — Magnifique réception faite à Venise à la citoyenne Bonaparte. — Congrès de Radstat. — Toujours des soupçons de dictature. — Aspirations vers la paix. — Amusante poésie tendancieuse. — Etat des forces de l'armée d'Italie. — Arrivée de la citoyenne Bonaparte en pleine négociation de paix. — Nomination de Bonaparte comme général en chef de l'armée d'Angleterre. — Attitude réservée de Bonaparte. — La joie de la conclusion de la paix. — Éloges de Bonaparte. — Il part présider la légation française au Congrès de Radstat. — Description du drapeau de l'armée d'Italie.

Tout ce qui va suivre nous fait entrer de plus en plus dans la phase héroïque, j'allais dire la fable.

Peut-on citer, dans les fastes des autres nations, des épopées semblables? Quelle France splendide nous pourrions être aujourd'hui, si le traité d'Amiens avait fermé l'ère des conquêtes! Le rêve était trop beau. Pour un seul rouage de changé, que de conséquences funestes de l'avenir! Si Joséphine de Beauharnais eût donné un héritier à son mari, il y a lieu de croire que Bonaparte n'eût pas eu des idées ambitieuses, qui le perdirent en le poussant à des agissements tyranniques envers le pape Pie VII, et à solliciter une alliance avec une archiduchesse d'Autriche, laquelle ne se montra jamais à la hauteur du grand rôle auquel elle était appelée. Combien elle fut nulle! L'amour maternel ne la secoua même pas; elle eût pu faire que Napoléon II régnât, en prêtant la main à ses partisans de France. Elle tomba du rang d'impératrice à celui de duchesse de Lucques: elle ne s'aperçut même pas de la différence.

Que Rostand a raison de faire dire au duc de Reischtadt, dans *L'Aiglon* :

> ... Inspirez-moi, mon Dieu,
> La parole profonde et cependant légère
> Avec laquelle on peut pardonner à sa mère.

Mais je tombe dans des digressions. Je dirai seulement, pour mon excuse, qu'il n'est aucun historien qui ne soit hanté par des réflexions personnelles sur le grand drame napoléonien.

Maintenant, aux faits !

Ce qui prouve combien le nom de Bonaparte grandissait dans les esprits, c'est le commencement de cette lettre qu'Ibrahim, pacha de Scutari, écrivait au général :

« Dieu est grand et ses œuvres sont merveilleuses ! Au général suprême qui protège la loi d'Isa (Jésus) ; à l'homme puissant de la République française, général des généraux nommé Bonaparte, sublime vainqueur des contrées d'Italie et général en chef, fidèle, estimé, miséricordieux et bienfaisant : c'est à vous que j'adresse cet écrit, principal des généraux... etc. »

Bonaparte jugé à l'étranger. — C'est une feuille d'Allemagne, dont je regrette, toutefois, de ne pas rencontrer le nom, qui le fait comme suit :

Bonaparte en Italie. — Bonaparte dirige l'ensemble des Républiques, auxquelles il donna l'existence en Italie, avec un pouvoir aussi illimité que s'il était déjà dictateur de cette belle partie de l'Europe. Jamais commandant en chef d'une force armée ne concentra plus énergiquement tous les pouvoirs : militaire, politique et civil, législatif et exécutif, monarchique ou populaire ; ici, on le voit organiser une garde nationale ; là, abolir les titres de noblesse, des droits de naissance ou de féodalité ; ici, presser la confection d'une Constitution ; là, arrêter tout à coup les travaux d'une nouvelle législation ; ici, établir un gouvernement, un Corps législatif, toute la hiérarchie d'oficiers politiques et civils ; là, les supprimer, les congédier, les appeler près de lui, leur donner d'autres fonctions ; ici, composer, amalgamer une République ; là, la dissoudre ou la morceler pour l'associer à d'autres éléments ; ici, lui fixer des bornes ou les étendre ; là, les ôter ou les rétrécir ; tenir d'une main l'épée, de l'autre la plume, et poser quelquefois celle-ci pour prendre le bâton, marque de l'autorité suprême. La République Cispadane disparaît, la Transpadane s'évanouit comme une ombre, et la Cisalpine prend sa place ; la République Vénitienne n'est plus. Gênes, dépouillée de l'éclat que lui donnaient ses richesses, est heureuse encore de trouver, dans l'existence que Buonaparte lui a laissée, d'après les formes françaises prescrites à son gouvernement, par le traité de Montebello, l'espoir de ne point être effacée entièrement du nombre des puissances indépendantes. Les rois de Naples et de Sardaigne cherchent, dans des sacrifices et dans la subordination de leurs troupes, un préservatif contre l'esprit révolutionnaire qui les menace. Rome, privée de ses plus belles provinces, tremble de voir anéantir ce qui lui reste encore de puissance et croit déjà voir, dans la mort prochaine de Pie VI, la fin de l'autorité pontificale. L'infant duc de Parme existe, comme prince, uniquement par la protection que Buonaparte vient de lui accorder. La Toscane seule, comme un point clair et lumineux au milieu d'un ciel couvert de nuages, conserve encore sa tranquillité et son indépendance, malgré l'atteinte qu'y a portée la possession passagère de Livourne.

« Buonaparte règle les destins de l'Italie par des ordres, écrits avec tant de rapidité, que bien souvent il a de la peine à les lire lui-même ; son caractère vif et agissant ne lui laisse pas le temps de les tracer avec netteté. Deux de ses aides-de-camp, très capables dans ce genre de travail, les débrouillent, et ce sont eux qui, continuellement occupés sous la direction du général de division Berthier, chef de l'Etat-Major général de l'armée d'Italie, sont, avec celui-ci, les dépositaires de ses volontés et de ses secrets ; ce sont eux qui rédigent ses plans et qui en soignent l'exécution ». (*Bulletin de Paris* du 16 septembre 1797).

Cet examen politique de l'Italie prouve une grande connaissance des choses de la part de son auteur ; mais où l'on se refuse à abonder dans son sens, c'est quand il semble prétendre que Bonaparte manque d'esprit de suite, car c'est précisément ce à quoi il est merveilleux.

— Quelques détails intéressants touchant la citoyenne Bonaparte.

Venise, le 15 septembre 1797.

« Le général Berthier vient de faire publier une proclamation de Buonaparte, qui défend l'exportation des grains par mer, comme il l'avait défendue du côté du Tyrol. Cette défense était d'autant plus nécessaire, que nous sommes tous les jours à la veille de manquer de pain. Le vin est devenu très rare. L'état de nos finances est tel, que nous serons obligés de vendre l'argenterie qui reste encore dans nos églises, pour faire face à nos engagements envers les Français. L'inquiétude générale qui règne dans les esprits vient de déterminer la Municipalité à décréter les cartes de sûr, et celui qui sera trouvé dans les rues sans en être muni, sera puni suivant la rigueur des lois auxquelles on travaille.

« Malgré cela, la présence de la citoyenne Buonaparte donne en ce moment même, à notre ville, l'apparence de la joie et du bonheur. Hier on a fait illuminer pour elle, l'espace de près de deux milles, toutes les maisons et les palais qui sont le long du grand canal, ainsi que toutes les barques et bâtiments qui s'y trouvaient. Elle a joui de ce spectacle magnifique en se promenant, sur ce canal, dans une gondole superbement ornée ; après quoi, l'ex-procureur Pisani lui a donné un très beau souper de 80 couverts. Demain, il y aura bal au théâtre et, après-demain, la course des gondoles. Dimanche, elle partira pour Udine, où elle va rejoindre son époux. Le général Berthier fait faire des évolutions à nos gardes-nationaux sur la place Saint-Marc, et il a paru extrêmement content d'eux. »

Cette réception faite à la générale Bonaparte ne fait-elle pas déjà pressentir l'impératrice Joséphine ?

— Par une lettre datée du 18 vendémiaire (1er octobre 1797), le général Bonaparte envoie an Directoire exécutif une liasse d'adresses de cette armée, relatives à la journée du 18 fructidor. Le gouvernement les fait publier dans *Le Rédacteur*, et il est vrai de dire que ces adresses attestent sa puissance. Elles sont, en général, écrites avec énergie et, en effet, toutes les relations qui viennent de l'armée d'Italie annoncent que l'enthousiasme y est porté au plus haut degré. Cette ardeur, qu'il lui serait difficile de ne pas pousser jusqu'à l'exaltation au milieu de l'effervescence générale de ces contrées, se continuera-t-elle contre l'ennemi extérieur ? Quels seraient ses effets dans l'intérieur, si la paix se faisait ? A quel genre d'entreprise est-elle plus favorable ? Elle a rendu l'armée de Bonaparte la plus brillante de l'Europe. Quant aux moyens par lesquels elle se manifeste, ils paraissent aussi ne pouvoir que confirmer la confiance des Français dans les sentiments et les desseins de son chef. Bonaparte exciterait-il ses troupes à tourner si souvent leurs regards vers le gouvernement central de la République, à adresser à lui seul leurs félicitations, s'il n'était pas résolu à marcher d'accord avec ce gouvernement ?

L'ambitieux qui viserait à l'indépendance, chercherait à fixer exclusivement sur sa personne les vœux et les hommages; son plus grand soin ne serait-il pas d'intercepter, plutôt que de favoriser, les communications de l'armée avec le gouvernement de l'intérieur ?

En examinant sous ces rapports les adresses multipliées de l'armée d'Italie, on doit, semble-t-il, se sentir très rassuré sur les destinées qui président au sort de cette armée. *(Le Correspondant* du 22 vendémiaire, an VI — 13 octobre 1897).

En scrutant le langage qui précède, ne paraîtrait-il pas trahir des préoccupations de l'avenir?

Bonaparte étonne, d'ailleurs, toujours de plus en plus ; il n'y a qu'à lire ce qu'on écrit d'Udine, le 4 octobre :

« Buonaparte est impénétrable. Cette qualité, nécessaire dans un général, ajoute encore à l'admiration dont il est entouré. Cependant, les esprits inquiets ne laissent rien échapper de ce qui peut servir à pénétrer dans ce labyrinthe d'incertitudes où nous égare sa sage circonspection.

« On a, dit-on, remarqué qu'il traçait, sur une carte, le Rhin, pour la limite de la République française, et les Alpes Moriques et Juliennes pour limite de la République Cisalpine vers le nord.

« Ces conjectures hasardeuses, desquelles les observateurs tirent des raisons qui leur paraissent concluantes pour la paix, montrent évidemment le désir ardent qu'on en éprouve. » *(Le Correspondant* du 26 octobre 1797).

Malgré tant de gloire, les aspirations vers la paix se faisaient de plus en plus jour dans la Métropole, où l'on ne faisait que de commencer à digérer l'horrible malaise de la Révolution. Ces aspirations allaient recevoir leur pleine satisfaction, car, du quartier général de Passeriano, le 27 vendémiaire, Bonaparte adressait au Directoire exécutif une missive éloquente, où il disait qu'il lui envoyait le général Berthier et le citoyen Monge, porteurs du traité de paix définitif qui venait d'être signé entre l'Empereur et lui. Il en fut donné connaissance aux Français par un message du Conseil des Anciens du 5 brumaire. Il contenait 25 articles et avait été signé à Campo-Formio, près d'Udine, le 26 vendémiaire.

Oui, elle était la bienvenue, la paix, comme elle le sera toujours à la suite de ce terrible fléau qu'est la guerre ! Le canon qui l'annonçait dissipa bien des inquiétudes, sécha bien des larmes, rassura bien des familles et, en même temps, déconcerta bien des ambitions.

La paix du continent ferma la barrière de la révolution ; elle fut, pour les fondateurs de la République, le gage de la consolidation de leur ouvrage ; pour les amis d'une liberté raisonnable et paisible, froissée jusqu'à ce jour par les excès de toute espèce, l'aurore d'une nouvelle vie ; enfin, pour les hommes qui avaient conservé des préventions contre un système politique qu'ils n'avaient pas cru pouvoir résister aux efforts sans nombre dirigés contre lui, elle fut une occasion et une loi de faire, à leur tour, quelques efforts sur eux-mêmes, sinon pour passer tout à coup de la haine à l'amour, du moins pour pactiser de bonne grâce avec la nécessité, en sacrifiant des regrets désormais impuissants au repos général et à leur propre tranquillité.

A l'aspect de la paix, il ne devait plus y avoir deux opinions. Assez nous avions ensanglanté nos ressentiments, assez nos esprits avaient été torturés du supplice des souvenirs. Lorsqu'elle a éteint le flambeau de la guerre, c'est pour qu'on ne regarde plus derrière soi. Elle fut précédée de l'espoir ; elle ne veut être accompagnée que des jouissances, et, pour savoir jouir, il faut oublier.

Ceux qui ont critiqué le traité de paix n'ont sans doute pas fait attention que, quoiqu'il ne soit pas fait mention de la rive gauche du Rhin dans les articles ostensibles, sa possession n'en est pas moins assurée à la France. Il est bien évident que l'Empereur ne faisant la paix que comme roi de Bohême et de Hongrie, ne pouvait, à ce titre, nous céder les possessions des princes de l'Empire ; mais n'avait-il pas assez manifesté son accession à ce démembrement, par cela seul que la condition de *l'intégrité de l'Empire germanique*, qui était expressément stipulée dans les préliminaires de Léoben, ne se trouve plus dans le traité définitif. L'article portant qu'il ne pourra assister au Congrès de Radstat que *les seuls délégués de l'Empire* n'est-il pas décisif ? (*Le Correspondant* du 30 octobre 1797).

— Les négociations de paix avec l'Empire germanique allaient d'ailleurs commencer, puisque le général Bonaparte et les citoyens Bonnier et Treilhard venaient d'être nommés à cet effet.

— Par qui l'article qui précède avait-il été inspiré ?.. Toujours est-il qu'il définit bien la situation, tout en faisant montre de la plus grande sagesse politique. Paix bienheureuse, qui rend mieux ses impressions que ce qu'on écrivait de Rouen, entre autres villes : « Le son de la cloche, le bruit du canon, qui portaient aux habitants des villages circonvoisins la nouvelle de notre joie ; l'accord des instruments, les acclamations du peuple, les larmes de quelques citoyens, l'enthousiasme de tous, les impressions de la joie sur les visages, que de choses portaient dans l'âme une émotion qu'il serait impossible de rendre :

La foule, avec transport, inonde chaque rue ;
Sans être coudoyé, l'on ne peut faire un pas ;
Sans se connaître, on se salue ;
On parle, on s'interrompt, on ne se répond pas.

Quand, encore, le Directoire exécutif reçut le général Berthier et Monge, porteurs du traité de paix ; après que le Ministre des relations extérieures eut prononcé son discours de présentation et serré avec émotion, dans ses bras, le héros et le savant, et qu'il leur eut donné l'accolade fraternelle, chacun des assistants regretta de ne pouvoir aussi les presser contre son sein ; on versa des larmes de joie et d'attendrissement. Les cris de : « Vive la République ! » se mêlèrent au son bruyant du clairon et des instruments guerriers ; « Vive la grande Nation !.. » répétait-on de toute part ; « Vive Bonaparte ! Vivent les fondateurs, vivent les défenseurs de la Liberté ! Vive la Constitution de l'an III ! » Les citoyens se félicitaient et s'embrassaient, l'allégresse la plus pure échauffait toutes les âmes et se manifestait par les plus touchantes expressions.

— Je ne puis résister au désir, pour confirmer une fois de plus cette joie de la paix, de citer ces couplets textuels, chantés au théâtre de la rue Feydeau :

Il est beau d'aller en guerre,
Surtout quand on sait la faire
Comme nos braves Français.
Mais, n'en déplaise à la gloire,
Après six ans de victoire,
Il est bon de vivre en paix.
Fric et frac,
Clic et clac,
Rions, chantons, dansons tous ;
Que la paix soit avec nous !

La guerre est chose superbe ;
Mais, comme dit un proverbe
Que j'ai toujours retenu :
En tout temps la paix sait plaire,
Et la guerre ne plaît guère
Que lorsqu'on est revenu.
Fric et frac, etc.

Epoux, videz vos querelles ;
Amoureux, avec vos belles,
Ce soir, raccommodez-vous ;
Que la paix rende à la terre
Tous les sujets que la guerre
A moissonnés parmi nous !
Fric et frac, etc.

Mes amis, je vous en prie,
Gardons cette paix chérie :
A la paix tient le bonheur ;
Il la faut dans sa patrie,
Il la faut avec sa mie,
Il la faut avec son cœur.
Fric et frac, etc.

Dans notre première ivresse
Nous avons fait, sans adresse,
Cet impromptu, en couplets ;
S'ils allaient ne pas vous plaire,
Messieurs, messieurs, point de guerre :
Laissez-les mourir en paix.
Fric et frac, etc.

(Le Correspondant).

— Voici l'état des forces qui composaient, en Italie, l'armée de Bonaparte :

80.000 Français à la grande armée.
36.000 hommes de corps étrangers, répartis dans les places.
10.000 Cisalpins.
8.000 Polonais.
6.000 Génois.
10.000 Piémontais.

Il y avait, en outre, 50.000 Italiens organisés en gardes nationales. *(Écho de l'Europe* du 17 octobre 1797).

La générale Bonaparte à nouveau. — « Udine, le 20 octobre. La plus grande harmonie n'a pas cessé de régner entre les plénipotentiaires autrichiens et le général Bonaparte ; les égards, les distinctions ont été constamment réciproques. Hier, ce dernier vint encore ici, l'après-midi, et il eut avec les ministres de sa majesté impériale et l'ambassadeur napolitain, un entretien qui se prolongea jusque dans la nuit, et auquel le général Clarck assista. Sur ces entrefaites, arriva Mme Bonaparte, avec l'épouse du général Berthier. Comme les plénipotentiaires étaient encore assemblés, elles furent reçues, par plusieurs de nos dames, dans la grande salle du palais Antonini, que M. le marquis de Gallo habite. La conférence étant terminée, il y eut souper et ensuite bal, où il y eut une superbe illumination. Vers les quatre heures italiennes, Buonaparte et son épouse retournèrent à Passeriano ». (*Bulletin de Paris*, 30 octobre 1797).

— C'est par arrêté du 5 brumaire que le général Bonaparte fut nommé général en chef de l'armée qui, rassemblée sur les côtes de l'Océan, doit prendre le nom d'*Armée d'Angleterre*. A la même date, le Directoire adressait, dans ce but, une proclamation au peuple français, où l'on relève cette phrase énergique : « C'est à Londres que l'on fabrique les malheurs de l'Europe ; c'est là qu'il faut les terminer ».

— Ce qui démontre que Bonaparte tient plutôt à s'effacer.

Un journal de Milan annonçait que le Directoire exécutif de la République avait offert au général Bonaparte la terre et le château de Montebello, où commencèrent les négociations pour la paix de l'indépendance de la Lombardie.

Cependant, à en croire plusieurs feuilles périodiques, Bonaparte, qui savait combien il est dangereux de fatiguer l'admiration, se serait résolu à consoler l'envie de ses succès par une retraite profonde. Dans une lettre au Directoire, il aurait demandé la permission de se retirer dans un coin de terre obscur, après avoir payé à sa patrie sa dette de citoyen. (*Bulletin de la République*, du 7 novembre 1797).

— Dans le même bulletin, on dit qu'immédiatement après la signature de la paix, Bonaparte se jeta dans les bras du comte de Cobenzel, l'embrassa avec transport et se félicita, avec l'effusion du cœur la plus touchante, d'un événement qui terminait enfin les désastres de la guerre et le consolait de ses victoires. Ce mouvement prouvait qu'au lieu d'être un froid et sombre politique, comme la malveillance s'efforçait de le peindre, Bonaparte, passionné pour tous les genres de gloire, chérissait surtout celle qui mérite la reconnaissance des peuples et les hommages de l'humanité. Dans cet organe, on se montrait donc bien disposé pour lui.

— Autre éloge de Bonaparte. De Milan, on écrit le 2 novembre : On peut croire que, quoique Bonaparte ait couronné par la paix la plus glorieuse la guerre la plus mémorable, et qu'il paraisse n'avoir plus rien à faire dans ces contrées, il ne retournera pas en France avant d'avoir consolidé, par sa sagesse, les Républiques que sa valeur a fondées ; elles ont encore besoin de sa présence et demandent tous ses soins. Il pourra jouir, ici, des douceurs de la paix et du repos qui lui est nécessaire après tant de fatigues. Tandis qu'il veillera à l'organisation des Etats qu'il a régénérés, il pourra mettre en ordre ses *Mémoires militaires et politiques*, dont la publicité le mettra peut-être au-dessus du héros romain qu'il a déjà surpassé par ses exploits. Bonaparte a du moins, sur César, un grand avantage : l'un chargea de fers sa patrie, et l'autre a donné la liberté aux peuples mêmes qu'il avait vaincus.

— Le document qui va suivre mérite d'être reproduit, autant pour sa belle forme littéraire que pour la belle et juste appréciation qu'il fait de Bonaparte :

Le Représentant du Peuple Dubois-Dubais à son collègue Poultier, sur le général Buonaparte

« Lorsque, le 15 fructidor, mon cher collègue, je révélai, à la tribune du Conseil, des vérités qui me valurent tant de marques d'imprécation de la part de ceux qu'elles choquaient ; quand je fus à l'article de mon opinion qui concernait le général Buonaparte, et que je me disposais à répondre à ceux qui, dans le Conseil, avaient explicitement et implicitement attaqué sa conduite militaire et politique à l'égard de quelques puissances d'Italie, je fus interrompu par des cris, qui redoublaient chaque fois que j'allais prononcer son nom, et je fus forcé d'abandonner le chapitre qui le concernait. Comme il est très court et que l'impression de mon opinion eut le sort honorable d'être rejetée, je te prie, mon cher collègue, de me faire le plaisir de lui donner une place dans ton journal ; il est bon que celui auquel son pays doit une si grande partie de son bonheur et de sa gloire, connaisse tous ceux qui, dans le Conseil, ont invoqué sur toutes ses opérations la justice que l'on devait au grand homme qui les a conçues et qui a su tirer un si grand parti du courage des braves républicains qu'il commandait.

« Maintenant, disais-je, je vais répondre un mot aux reproches adressés au général Buonaparte, sur ses opérations militaires, contre quelques puissances d'Italie et contre ses actes politiques. (Ici, les cris redoublés m'arrêtèrent).

« Je me garderai bien, citoyens représentants, d'affaiblir, par un éloge inutile à sa gloire, tout ce que sa conduite militaire et politique offre de grand et de sublime à tous ceux qu'une injuste prétention n'a pas aveuglés ; aucun de nous, d'ailleurs, ne peut douter quelle place honorable l'histoire assignera, dans les fastes de la Révolution, à ce prodige de la nature ; mais ce que nous devons dire aujourd'hui, mais ce que la justice et la bonne foi exigent impérieusement de nous, c'est d'avouer qu'il n'est pas une seule de ses opérations qui ne soit marquée au coin de la politique la plus éclairée et la plus salutaire ; c'est que toutes étaient nécessaires au salut de son armée, à la conservation de ses glorieux avantages, et que toutes ont éminemment concouru à l'accélération de la paix et à l'affermissement, que dis-je ? au salut même de la République.

« A de si grands et de si puissants motifs de la part de ce général, dans la conduite qu'il a tenue, bien plus faciles encore à sentir qu'à démontrer, on doit reconnaître qu'il n'est pas un seul de ses actes qui n'ait été un grand bienfait pour la République ; qu'il n'en est pas un seul, conséquemment, qui ne soit digne de la reconnaissance nationale. Vous ne permettrez donc pas que ses illustres et immortels travaux soient profanés par un blâme injuste et véritablement indigne de ceux qui sont jaloux de la gloire de leur pays.

« Mais, citoyens représentants, ce serait bien en vain que l'on s'efforcerait de couvrir l'éclat de son action du voile de la censure ; il percera, cet éclat, dans toute sa pureté, jusque dans les pays les plus reculés du globe, et son nom sera béni de tous les amis de la liberté et honoré chez toutes les nations.

« Laissons donc à ce génie tutélaire de son pays la faculté de s'élever à toute sa hauteur, et ne cherchons pas à paralyser ses grandes conceptions en voulant les resserrer dans un cercle trop étroit, dès lors que nous sommes assurés qu'elles n'ont pour objet que la prospérité et la grandeur de la République. »

Signé : DUBOIS-DUBAIS,
Membre du Conseil des Cinq Cents.

(*Écho de l'Europe* du 12 novembre 1797).

De Milan, 20 novembre, on écrit : « Le général Buonaparte a quitté Milan hier matin, pour aller présider la légation française au Congrès de Rastadt. Avant de partir, il a envoyé au Directoire exécutif, à Paris, le drapeau de l'armée d'Italie, qui sera présenté par le général Jobert. Il y a, sur une face de ce drapeau : « A l'armée d'Italie, la patrie reconnaissante. » Sur l'autre côté, c'est le nom de tous les combats qu'a livrés et toutes les places prises par l'armée d'Italie. On remarque, en outre, les inscriptions suivantes : 150.000 prisonniers, 170 drapeaux, 500 pièces de siège, 600 pièces de campagne, 5 équipages de ponts, 9 vaisseaux de ligne de 64 canons, 12 frégates de 32, 12 corvettes, 18 galères. Armistice avec le roi de Sardaigne. Convention avec Gênes. Armistice avec le duc de Parme. Armistice avec le duc de Modène. Armistice avec le roi de Naples. Armistice avec le Pape. Convention avec le grand duc de Toscane. Traité de paix de Tolentino avec le Pape. Préliminaires de Léoben. Convention de Montebello avec la République de Gênes. Traité de paix, avec l'Empereur, à Campo-Formio.

« Envoyé à Paris tous les chefs-d'œuvre de Michel-Ange, du Titien, de Paul Véronèse, Corrège, Albani, des Carrache, Raphaël, Léonard de Vinci, etc. »

Ce monument des victoires de l'armée d'Italie sera suspendu aux voûtes de l'enceinte nationale, dans la salle des séances publiques du Directoire. (*L'Écho de l'Europe*).

C'est de la gloire à foison qu'on devait à Bonaparte.

DEUXIÈME PARTIE

Fêtes en l'honneur du Général Bonaparte et de la conclusion de la paix et projet de descente en Angleterre (1797-1798)

CHAPITRE I

Sentiments anglophobes. — Inquiétudes anglaises. — Parallèle curieux entre Drouet et Bonaparte. — Dotation projetée en faveur du vainqueur d'Italie. — Bonaparte candidat à l'Institut. — La question de descente en Angleterre toujours agitée. — Enthousiasme sur le passage de Bonaparte se rendant à Rastadt. — Pensée gracieuse à l'égard de la citoyenne Bonaparte. — Jugement sur les proclamations de Bonaparte.

On commence à déclarer que, si l'Angleterre ne consent point à la paix, on tentera, à la fois, des expéditions sur l'Ecosse, l'Irlande et l'Angleterre ; que l'armée qui va se rassembler sur les côtes de l'Océan sera composée de 60.000 combattants ; que toutes les frégates, cutters et sloops de la marine hollandaise qui sont en état de service, se rendront à Dunkerque, pour se joindre à l'armement qui se formera dans ce port.

Voici une lettre du Ministre de la Marine qui, du reste, s'y applique bien, et dont il convient de citer quelques fragments significatifs : elle est adressée à tous les officiers civils et militaires des ports, aux marins et soldats de l'armée navale :

« Le moment est enfin venu où la paix, rendue au continent par la sagesse du Directoire exécutif et la valeur de nos braves armées, ne laisse plus à la République qu'un seul ennemi à vaincre...

« Marins, c'est vous désormais qui devez combattre ; c'est à vous qu'est réservé l'honneur de terminer une guerre qui fait, depuis si longtemps, gémir l'humanité, pour assouvir l'ambition et la haine d'une puissance orgueilleuse et perfide.

« C'est le gouvernement anglais qui a semé en France les troubles, la méfiance, les dissensions, et qui a prodigué l'or pour diviser les premières autorités et avilir, par des excès, nos plus belles institutions. C'est le gouvernement anglais qui, au mépris du droit des gens, a tenté de ruiner la fortune publique par l'introduction des faux assignats et l'altération de la monnaie.

« C'est le gouvernement anglais qui, maître du port de Toulon, non par la force, mais par la plus lâche trahison, a fait plonger dans les cachots, a fait périr vos frères d'armes, fidèles à leur patrie. Ce sont les Anglais qui, forcés de fuir honteusement, ont porté la flamme dans les magasins, les vaisseaux, les habitations des citoyens, dans l'espoir de convertir en un monceau de cendres ce boulevard de la République dans la Méditerranée.

« C'est le gouvernement anglais qui a semé les torches de la guerre civile dans la Vendée, dans les départements de l'ouest, à Lyon, dans le Midi.

« C'est ce gouvernement, enfin, c'est lui seul qui prolonge la tourmente, qui agite encore plusieurs contrées des deux mondes et qui veut abuser l'Europe par de fausses démonstrations et par le désir apparent de la paix...

« Marins, la plus brillante carrière va s'ouvrir devant vous... Qu'il soit prononcé par toutes les bouches : *Périsse le gouvernement anglais ! Vive la République !*

« Signé : PLÉVILLE, LEPELEY. »

(Le Correspondant, du 14 novembre 1797).

Ne voilà-t-il pas toute une page d'histoire ? — De Londres, à la date du 9 novembre, on apprend, à propos de l'invasion projetée de l'Angleterre, qu'il est curieux de voir les Anglais, de les entendre entasser, pour rassurer leurs concitoyens, pour se rassurer eux-mêmes, les hypothèses les plus gratuites.

Les 3 0/0 consolidés baissaient d'ailleurs sensiblement.

Une proclamation du Directoire exécutif aux Français, du 1er frimaire, était devenue, dans le fait, une vraie déclaration de guerre à l'Angleterre : « La grande Nation vengera l'univers et, pour y parvenir, Français, il s'offre à vous plus d'un moyen ; le plus digne et le plus rapide, c'est la descente en Angleterre ».

Rien de plus typique que cet entrefilet du *Bulletin de la République* du 20 novembre 1797 :

« On assure que Drouet (le fameux auteur de l'arrestation de Louis XVI à Varennes), s'occupe, dans ce moment, à écrire les mémoires de sa vie. Est-ce pour les donner au public ? Peut-être,

Car chacun vend sa drogue et croit, sur son palier,
Fixer, comme Lefranc, les yeux du monde entier,

a dit Voltaire dans un petit poème intitulé *la Vanité*. Le mal n'est pas bien grand, mais je crains que cette manie d'imprimer ses mémoires ne dégoûte Bonaparte de nous donner les siens ».

Il revient sur le tapis de faire une dotation à Bonaparte. On assure que les deux Conseils sont convenus de lui faire présent de la terre de Chambord, que Louis XV donna au maréchal de Saxe pour prix de ses victoires ; de substituer le nom de Bonaparte à celui de Chambord et de joindre à ce don la maison ci-devant Baujon, en imposant à la rue où elle est située le nom de son nouveau possesseur. On ajoute que le gouvernement paraît être le moteur de ces résolutions, qui ont d'avance le suffrage public.

C'est mieux qu'au château de Chambord que devait se rendre, un jour, Bonaparte : c'est au palais des Tuileries.

En ce moment, Bonaparte avait sa demeure rue de Chantereine, à la Chaussée-d'Antin.

— La place de l'ex-directeur Carnot, vacante à l'Institut, venait d'être donnée à Bonaparte ; c'était à la section de mécanique qu'il s'agissait de nommer. Le poète Lebrun avait dirigé le choix de ses collègues par l'impromptu suivant :

Collègues, amants de la gloire,
Buonaparte en est le soutien :
Pour votre mécanicien,
Prenez celui de la victoire.

Tout de même, c'est d'un goût un peu douteux.

— Dans le *Bulletin de la République* du 25 novembre 1797, on lit :

« On assure que la descente en Angleterre doit se faire de concert avec l'Espagne et la Hollande. 150.000 hommes seront employés à cette expédition ; tous les vaisseaux et les matelots des trois puissances coalisées seront mis en activité ; des lois sévères doivent être portées pour maintenir la discipline et prévenir la trahison ».

Une proclamation du Directoire aux Français, le 1er frimaire, l'avait fait pressentir.

— Une pensée gracieuse de la part de *la Toilette* du 1er novembre 1797 :

« On assure que Buonaparte vient à Paris ; on peut au moins regarder comme certain que son épouse se propose d'y revenir. Les ordres qu'elle a envoyés à son architecte de meubler et de tenir prêts ses appartements, ne permettent pas d'en douter. Il est bien juste qu'elle vienne recueillir les éloges dus à son mari, et qu'elle partage les plaisirs que la paix rappelle dans nos murs ».

— Voici comme le *Bulletin de la République* du 6 frimaire, an VI, ou 26 novembre 1797, apprécie les proclamations de Buonaparte, général en chef de l'armée d'Italie, adressées l'une de Milan, le 21 brumaire, au gouvernement provisoire de la République Ligurienne ; l'autre, même date, au peuple cisalpin :

« Elles méritent, selon nous, l'attention des hommes de tous les états et de tous les partis ; elles peignent, mieux que des discours apocryphes et des anecdotes douteuses, l'esprit, le caractère, les principes de cet homme célèbre : il peut lui-même les présenter avec confiance à la fidélité de l'histoire et aux méditations de ses contemporains ».

CHAPITRE II

Traité de paix apporté par Bonaparte en personne. — Cadeau fait par l'Empereur à la citoyenne Bonaparte. — Popularité grandissante de Bonaparte. — Touchante réception de ce dernier en Alsace. — La toujours de plus en plus grande réserve du général. — Lettre d'impressions sur Bonaparte par un Genevois. — Les fêtes. — Réponse de Bonaparte à une critique. — Autres détails des fêtes. — Remerciements de Bonaparte à l'occasion de sa nomination de membre de l'Institut.

Bonaparte est l'homme que tout le monde attend. Un traité de paix vient d'être signé avec l'empereur d'Autriche. — On croit généralement que les ratifications de ce traité, qui doit consolider la République et assurer le repos du peuple français, seront apportées par Bonaparte lui-même, et que les fêtes de la paix célèbreront en même temps l'arrivée du pacificateur. Il est, en effet, en train de rentrer en France : même à l'étranger, de grands honneurs lui sont rendus.

Ainsi le déclare le *Bulletin de la République* du 6 Xbre 1797 : « Le général Buonaparte est arrivé à Rastadt le 25 novembre : 30 hussards du régiment autrichien de Veczay lui servaient d'escorte. Il est descendu au château où, depuis plusieurs jours, trente chambres étaient préparées pour sa suite et pour lui ; les acclamations des habitants et des étrangers ont dû lui prouver qu'un grand homme appartient à toutes les nations, comme sa mémoire est la propriété de tous les siècles ».

A l'occasion de ce traité de paix, l'Empereur avait envoyé, pour l'épouse du général Bonaparte, une voiture superbe avec six chevaux blancs de toute beauté.

— Même Bulletin, du 7 décembre. On y apprend que le général Buonaparte, accompagné du général Berthier, est arrivé à Paris, la veille, vers les trois heures après-midi, qu'il recevra son audience solennelle du Directoire exécutif, décadi suivant, dans la cour du Palais du Luxembourg, que l'on décore à cet effet ; qu'il y aura, le même jour, un repas de 80 couverts, auquel assisteront les Ministres, le Corps diplomatique et les Présidents des autorités constituées. Ensuite, opéra et bal à l'Odéon.

Un petit incident curieux et peu connu, à propos des préliminaires de paix : « Lors des conférences d'Udine, M. de Metternich, négociateur impérial, plus occupé de représenter que de servir le roi son maître, affecta de sortir le premier, afin de constater la prééminence impériale. Buonaparte, qui pénétra facilement le profond dessein du diplomate, voulut le déconcerter : il gagna de vitesse et, se retournant sur Metternich : « Vous ne passerez pas le premier, votre Empereur lui-même ne passerait pas ».

Ce coup d'épingle, à lui seul, ne contribua-t-il pas à la haine profonde que Metternich voua toujours à Napoléon ?

— Même Bulletin, du 8 décembre. Il nous apprend que, la veille, Bonaparte s'est rendu au Directoire, où il était accompagné de trois offiuiers de l'Etat-Major, et que, lorsqu'il est descendu de voiture, il tenait un portefeuille sous le bras ; que, malgré l'incognito qu'il voulait garder, quelqu'un l'ayant reconnu, il a été couvert d'applaudissements, aux cris mille fois répétés de « Vive Buonaparte ! » qu'il a eu une audience très longue du Directoire.

Comme on voit que sa réputation grandit tous les jours :

« Rien, dit le *Bulletin de la République*, n'égale l'empressement des Parisiens à savoir tout ce qui a rapport à ce grand homme. Quand il passe quelque habit bleu, on se demande : Est-ce là Buonaparte ? Hier, au Palais-Royal, deux officiers généraux étaient dans une boutique ; dans les galeries, un peuple immense s'était attroupé, croyant que c'était lui : on voudrait connaître ses moindres actions, ses moindres propos.

« Le général Buonaparte s'est rendu aujourd'hui, à 2 heures, chez le Ministre de la police générale. Après une courte visite de deux ou trois minutes, il a remonté dans sa voiture, au milieu des applaudissements du public et des employés.

« Il s'est ensuite transporté chez les autres Ministres et à l'Administration centrale du département, où il a été complimenté par l'ex-conventionnel Mathieu, commissaire du Directoire.

« Le Tribunal de Cassation a député plusieurs de ses membres auprès du général Buonaparte, qui a reçu leur visite avec distinction. Le juge de paix de l'arrondissement dans lequel demeure ce général ayant été le voir avant-hier, celui-ci lui a rendu sa visite dès le lendemain ».

Comment une pareille courtoisie, même envers les moindres, n'aurait-elle pas gagné les cœurs à Bonaparte ?

— O le joli souvenir d'Alsace ! Le général, qui se rendait de Rastadt à Paris, avait passé à Sarrebourg, où il était arrivé à cinq heures et demie du soir. Un accident arrivé à sa voiture avait permis de le posséder plus longtemps. Sur le bruit de son arrivée, il y eut illumination générale, la garde nationale prit les armes et alla à sa rencontre avec toute la gendarmerie ; il fut reçu aux acclamations réitérées de « Vive la République ! Vive Buonaparte ! » L'administration municipale vint le complimenter à l'auberge où il avait mis pied à terre ; quatre jeunes filles vinrent se présenter à lui et chantèrent, à sa louange, quelques couplets qu'elles terminèrent en lui mettant une couronne de laurier, qu'il faisait toujours difficulté de recevoir. La maison où il logeait fut gardée par les citoyens toute la nuit, et chacun s'en disputa l'honneur. Le général montra de l'amitié à tout le monde et parut toujours gai. Comme le canon avait annoncé son arrivée, il a de même annoncé son départ ; on regrettait de le voir partir. Il remercia les quatre jeunes chanteuses et leur fit cadeau d'une jolie petite montre, au bout de laquelle pendait une chaîne d'or enrichie de perles.

— Ce qui suit va démontrer la tactique, toute de modestie, disaient les uns, toute d'habileté, disaient les autres, du général Bonaparte.

Il est facile de reconnaître que tous les regards sont fixés sur l'homme extraordinaire dont la fortune, les talents et l'infatigable activité ne négligent aucun genre de gloire. Mais il ne paraît pas que Bonaparte veuille sacrifier des moments précieux à l'avide curiosité du public et perdre, à recevoir de frivoles hommages, le temps qu'il consacre à mériter ceux de sa patrie et de l'humanité. Sa conduite à Paris est aussi simple, aussi modeste, qu'elle fut éclatante et fière à la tête de son armée, prudente et mesurée dans ses négociations.

Il est descendu, non pas au Luxembourg, comme on l'a publié, mais dans sa petite maison rue Chantereine ; il était accompagné des généraux Berthier et Championnet. La première personne qu'il a reçue est le directeur Barras qui, le soir même de son arrivée, a passé quelques heures avec lui.

Le lendemain, après une entrevue d'une heure avec Talleyrand, à l'Hôtel des Relations extérieures, le général et le ministre se sont rendus ensemble chez le Président du Directoire. Bonaparte eut ensuite une conférence de plus de deux heures avec les Directeurs réunis ; il dîna chez Barras avec le Ministre des Relations extérieures, et, après ce premier hommage à l'amitié, exprima la volonté formelle de ne plus manger hors de chez lui jusqu'au jour de sa réception publique au Luxembourg.

Hors les visites aux Ministres et à l'administration du département, qui avait voulu le prévenir et qu'il a prévenu lui-même par ce sentiment profond des convenances qui caractérise ses actions et ses écrits, Bonaparte ne s'est montré, ni dans les lieux publics, ni dans les sociétés particulières ; il sort très peu, et toujours dans une voiture à deux chevaux, sans faste et sans suite ; il reçoit fort peu de monde et se dérobe à l'enthousiasme général. « Mais sa gloire le suit jusqu'au fond du jardin modeste dans lequel il aime à se recueillir et où son épouse a fait construire, il y a deux ans, un petit pont en bois appelé le *Pont de Lodi* ».

Pauvre Joséphine, ce fut là son plus beau temps, dirai-je !

Autre particularité : on devait donner, au Théâtre des Arts, l'opéra de *Miltiade à Marathon*, en l'honneur du général. Un auteur connu fut chargé de faire à la pièce les changements nécessaires, pour qu'elle s'adaptât, en quelque sorte, à la conduite militaire du héros d'Italie.

La fête qui avait été annoncée au Théâtre de l'Odéon ne put avoir lieu, à cause de la difficulté de distribuer les billets d'entrée sans exciter des murmures et des mécontentements. On voulut voir encore que ce qui contribua le plus à faire manquer cette fête nocturne, c'est que Bonaparte avait déclaré formellement qu'il ne voulait assister à aucune fête publique : il s'était même refusé longtemps à paraître à la cérémonie qui devait avoir lieu au Luxembourg. Mais le Directoire ayant insisté, il ne s'était rendu à l'invitation qui lui avait été faite à ce sujet que par déférence pour les Directeurs.

Il était à remarquer, en effet, qu'il évitait soigneusement de paraître en public et prenait toutes les précautions pour passer inaperçu ; qu'il n'avait pas paru une seule fois, depuis son arrivée, en habit d'officier-général et, lorsqu'on lui offrit une garde d'honneur, il la refusa modestement, en disant qu'il n'était, en pareil cas, qu'un simple citoyen. C'est le Ministre des Relations extérieures qui devait le présenter au Directoire comme l'un des plénipotentiaires de Rastadt. Cette présentation approchait.

S'il n'y eut pas de fête à l'Odéon, en revanche on donna, après l'audience publique du Directeur, un dîner de 78 couverts, chez le Ministre de l'Intérieur, pour être suivi de bal dans la galerie de l'hôtel. Etaient invités à ce dîner les généraux Berthier, Joubert, Murat, Championnet, Hédouville, Lacrosse, Desaix et Lemoine ; le vice-amiral Rosili, les commandants de Paris et des Invalides, le chef de Légion en tour de la garde nationale parisienne, les généraux commandant l'artillerie, le génie, la cavalerie et l'infanterie, les commandants des deux gardes du Corps législatif et du Directoire ;

Les Présidents des Tribunaux de Cassation, Civil, Criminel, Correctionnel et de Commerce ; les Commissaires du Directoire près les quatre premiers de ces Tribunaux ; l'accusateur public, le juge de paix de la section du Luxembourg ;

Le Président du département, celui de la Municipalité de l'arrondissement du Luxembourg, les Commissaires du Directoire près ces deux administrations, le Président de l'Institut national, l'un des professeurs-administrateurs du Conservatoire de Musique, et les quatre Commissaires qui ont fait le choix des monuments des arts recueillis en Italie ;

Les Présidents de la Trésorerie et de la Comptabilité nationale, le Président du Bureau Central et le Commissaire du Directoire près ce Bureau ;

Les citoyens Meyer, ministre plénipotentiaire de la République Batave ; Micheli, ministre de la République de Genève ; Visconti, ministre plénipotentiaire de la République Cisalpine ; Boccardi, ministre de Gênes ; MM. Corsini, ministre plénipotentiaire de Toscane ; del Campo, ambassadeur d'Espagne ; Sandoz, ministre plénipotentiaire de Prusse ; Ruffo, ministre plénipotentiaire de Naples ; Abel, ministre plénipotentiaire du duc de Wurtemberg ; Reizenstein, ministre plénipotentiaire de Bade ; Balbo, ambassadeur de Sardaigne ; Stenben, ministre plénipotentiaire de Hesse-Cassel ; Dreyer, ministre plénipotentiaire de Danemarck ; Esseid-Ali-Effendi, ambassadeur de la Porte Ottomane ; et Dettmar, député de Francfort.

Le dîner eut lieu dans la grande salle d'audience du Directoire qui, par les soins de Bonaparte, fut tapissée brillamment, grâce aux nombreux drapeaux qu'il avait conquis dans le cours de ses glorieuses expéditions, et qui avaient été appendus au plafond. La veille, Bonaparte était allé visiter les Invalides, où l'on s'était empressé de venir rendre honneur au vainqueur de l'Italie.

— Le même jour, le général ne s'était pas montré très galant pour les dames de la Halle qui s'étaient présentées pour le complimenter.

Le Bulletin dit : « Le portier a mis assez brusquement à la porte ce ramas de femmes dissolues, qui vont périodiquement congratuler les gagnants de la loterie, les nouveaux ambassadeurs, les nouveaux fournisseurs, les acquittés des tribunaux et, en général, tous ceux qui paraissent avec éclat sur la scène du monde ».

Je crois que les dames de la Halle d'aujourd'hui prendraient très mal la chose, le cas échéant : je sais bien qu'elles ont meilleure réputation que celles de 1797.

— Voici ce que m'apprend le *Bulletin de la République*, à la date du 11 décembre 1797 :

« Bonaparte avait quitté Milan pour se rendre à Rastadt : il dut traverser la Suisse. A Genève, une foule immense attendait avec avidité son passage, est-il dit dans une lettre venue de Morat. A Morat, il voulut voir l'ossuaire des Bourguignons. Il dut s'arrêter dans cette dernière ville quelque temps, pour faire des réparations à sa voiture. « J'ai vu avec un vif intérêt, déclare l'auteur de cette lettre, et avec une extrême attention, cet homme extraordinaire, qui a fait de si grandes choses, et qui semble annoncer que sa carrière de gloire n'est pas terminée. Je l'ai trouvé fort ressemblant à son portrait, petit, mince, pâle, ayant l'air fatigué.

« L'air fatigué, mais non malade, comme on l'a dit. Il m'a paru qu'il écoutait avec plus de distraction que d'intérêt, et qu'il était plus occupé de ce qu'il pensait que de ce qu'on lui disait. Il y a beaucoup d'esprit dans sa physionomie ; on y remarque cet air de méditation habituelle qui ne révèle rien de ce qui se passe à l'intérieur, et cette tête pesante, cette âme forte, où il est impossible de ne pas supposer quelques pensées hardies qui influeront sur la destinée de l'Europe ».

Dans toute la Suisse, on lui rendit des honneurs. A Lausanne, on illumina à son arrivée et, de toutes parts, retentirent des cris de « Vive la République Française ! Vive son invincible général ! »

Combien Bonaparte est dépeint au réel dans cette lettre !

L'auteur rapporte encore qu'un bon bourgeois de Morat, de cinq pieds sept à huit pouces, observait avec étonnement la figure du général, et s'écria, assez haut pour qu'on l'entendît : « Voilà une bien petite stature pour un si grand homme ! »

Bonaparte tint à s'arrêter à Rolles, dans le pays de Vaud, chez la veuve du général Laharpe, mort bravement en Italie. N'était-ce pas une attention vraiment digne de la part du vainqueur d'Italie et du pacificateur de l'Europe?

— Le 11 décembre 1797, Bonaparte remettait aux citoyens Directeurs le traité signé à Campo-Formio et ratifié par l'Empereur. Dans le banquet qui suivit la réception, il y eut, entre autres toasts : « A la liberté des mers ! Puissent bientôt les armées républicaines les soustraire au joug de ce gouvernement oppresseur qui, depuis si longtemps, tyrannise le globe et l'avilit ! »

Le surlendemain de son arrivée à Paris, Bonaparte s'étant présenté à la porte du Luxembourg, sans décoration militaire et vêtu d'un simple surtout bleu, le factionnaire lui demanda sa carte d'entrée. Il répondit avec douceur : « Je n'en ai point ; mais je suis connu au Directoire ». Ses raisons ne persuadant point la sentinelle, l'officier fut obligé de nommer le héros de l'Italie. A ce nom, le factionnaire présente les armes et s'étonne d'avoir retenu quelques minutes celui que les obstacles les plus multipliés et les armées les plus nombreuses n'ont pu retenir.

Comment ne se serait-on pas senti attiré vers Bonaparte ?

— Il dînait chez le Directeur François (de Neufchâteau), avec une vingtaine de membres les plus distingués de l'Institut. Il fit un accueil particulier à Daunou et lui dit qu'il voyait avec plaisir un des hommes dont la sagesse contribuerait le plus au bonheur de la République, parce qu'il ne voulait soutenir la Constitution que par des moyens justes et raisonnables.

Il parla mathématiques avec Lagrange et Laplace et leur demanda s'ils connaissaient un livre de géométrie récemment publié en Italie, dans lequel il avait surtout remarqué une manière ingénieuse et neuve de diviser le cercle ; ils lui répondirent que non. Bonaparte prit aussitôt un compas et un crayon et fit rapidement cette démonstration.

— Général, lui a dit Laplace, nous nous attendions à tout recevoir de vous, excepté des leçons de mathématiques.

Le 16 décembre, il devait y avoir bal à l'Hôtel des Relations extérieures, en réjouissance de la paix. Il est probable que le héros qui nous l'a donnée, dit le *Bulletin de la République*, en embellira la fête. Il apprend qu'au lieu de repartir pour Rastadt le 26 suivant, Bonaparte attendra son épouse à Paris et passera quelques semaines dans la capitale.

— Bonaparte a été reçu, le 5 nivôse, membre de l'Institut, dit la *Feuille Politique* du 28 décembre 1797, ou 8 nivôse.

— Avant de partir de Milan, Bonaparte avait reçu de Paris, par un courrier, une épée avec la poignée de brillants, une étoile d'ordre, une épaulette, une ganse de chapeau et une boucle de ceinture, le tout garni de brillants. On supposait que ces brillants étaient destinés à nos plénipotentiaires à Rastadt.

— Dans la *Feuille Politique* du 27 germinal, on lit : « Le prochain départ de Buonaparte pour Toulon est, aujourd'hui, un bruit assez généralement répandu. Il paraît regarder l'expédition qu'on va tenter de ce côté comme aussi brillante que certaine dans ses résultats. On va jusqu'à dire que son épouse le suivra dans ce voyage et s'embarquera avec lui.

— De *l'Écho de l'Europe* du 13 décembre 1797, où se trouve l'extrait d'une lettre d'un genevois, du 29 décembre :

Tout ce qui tient à Buonaparte est d'un grand intérêt. A son passage à Lausanne, on lui avait préparé des fêtes dont il ne se soucia pas. Trois citoyens firent arrêter sa voiture à l'entrée de la ville, pour lui présenter à la portière trois jeunes et jolies filles, qui prononcèrent de leur mieux les petits compliments qu'elles avaient appris, et récitèrent des vers aussi innocents qu'elles. En même temps, une foule nombreuse lui témoignait sa joie et ses respects par ses acclamations. Il remercia avec une grande simplicité et avec l'air d'un homme qui avait plus besoin de repos que de compliments. En général, on a cru remarquer en lui une qualité qui distingue les âmes supérieures et qui n'est pas le partage de tous les grands hommes : c'est une grande indifférence pour les applaudissements populaires, et un grand mépris pour les opinions populaires. La louange lui plaît, sans doute, mais c'est un mets qui lui paraît avoir besoin d'assaisonnements. C'est un homme qui se connaît en gloire.

Buonaparte ne s'arrêta pas à Berne et alla coucher dans un village à cinq ou six lieues de là, à Fraubroun, qui est entouré de bois de sapins. Le général descendit dans la cour et gagna l'auberge à pied, en chantant : *Paisibles Lois*, etc. Il se mit à causer avec l'aubergiste, à qui il demanda s'il payait beaucoup d'impôts. — Des impôts ! répondit l'aubergiste, nous ne savons pas ce que c'est. -- Vous n'avez donc aucune propriété en terres ? — J'en ai pour environ 400.000 livres. — Quoi ! vos terres ne sont grevées d'aucun droit ? — Pardonnez-moi, je paie des cens et des dîmes au seigneur. — N'est-ce pas une grosse charge pour vous? — Pas plus que le salaire que je donne aux ouvriers que j'emploie. Je compte cela dans les frais de mon exploitation, et j'ai payé, en conséquence, le capital de mon bien. Et votre gouvernement ne lève aucune taxe sur vos terres? — Aucune. — Et avec quoi paye-t-il ses dépenses? — Avec le produit de nos domaines, qui sont considérables, et ce produit l'est assez, non seulement pour fournir à tous les frais du gouvernement, mais encore pour faire des épargnes tous les ans. — Vous êtes donc bien content de votre gouvernement? — Comme on doit l'être d'un gouvernement qui fait beaucoup de bien aux pauvres et point de mal aux riches. — Si cela est, dit Buonaparte en se tournant vers un de ses officiers, voilà le peuple le plus heureux que je connaisse. — Mon cher monsieur, ajouta l'aubergiste, je souhaiterais que tous le fussent également.

— A propos de la fête offerte au vainqueur de l'Italie par le Directoire, le 12 décembre 1797 :

Jamais, est-il dit, de plus grands souvenirs ne s'étaient réunis! Un peuple remerciant un homme d'avoir, pour lui et avec lui, vaincu l'Europe et conquis la paix, et ce héros semblant vouloir, par sa modestie, échapper à tant de gloire.

Une estrade était élevée au fond de la grande cour du Palais du Luxembourg, pour le Directoire, le Corps diplomatique et les autorités constituées. Cette enceinte était entourée de 61 drapeaux enlevés à l'ennemi. On eût pu rendre ces trophées encore plus nombreux et ne donner à Bonaparte que son bien, car il avait pris 160 drapeaux. Il n'y avait pas d'autres décorations.

Les femmes étaient sur la terrasse, en face du Palais ou dans les bâtiments latéraux. 7 à 8.000 hommes emplissaient la cour.

La cérémonie a commencé vers une heure et a été annoncée par le bruit du canon.

Le héros, en habit de général en chef, accompagné du Ministre des Relations extérieures et de quelques généraux, est entré, quelques instants après le Directoire, au milieu des applaudissements et des cris cent fois répétés et longtemps prolongés de « Vive Bonaparte! »

On le laisse quelque temps debout, comme pour satisfaire la curiosité publique. Puis, il fut présenté au Directoire par Talleyrand de Périgord. Le moment des discours était venu. La fête fut terminée par des chants patriotiques. Un dîner fut donné, le soir, à Bonaparte, par le Directoire. Il en est parlé par ailleurs, *(L'Écho de l'Europe,* 13 décembre 1797).

La présentation du général Bonaparte au Directoire a été très brillante, la cour du Luxembourg était ornée de drapeaux, une affluence énorme de spectateurs encombrait toutes les avenues, le canon ébranlait les maisons. Puis, par un discours du Ministre des Relations extérieures, discours d'un rare talent, fut présenté Bonaparte, porteur de la ratification du traité conclu avec l'Empereur.

Le soir, il y eut de superbes illuminations, et une foule de curieux s'était portée dans la rue Chantereine pour voir Bonaparte, qui s'était dérobé aux regards du public en prenant une route qu'on ne soupçonnait pas.

— On représentait à Bonaparte qu'il n'avait pas tiré tout le parti qu'il pouvait du traité de paix conclu. — Je vois toujours à cinquante ans devant moi, a-t-il répondu ; c'est de la postérité que j'attends un jugement équitable. Comment peut-on me supposer des vues ambitieuses ? Quelle autre gloire peut-il y avoir pour moi, qui suis le premier général de l'Europe ? Préfèrerais-je d'être un esclave titré ? Mais, en attendant le jugement de la postérité, l'estime de mes amis me suffit ; ils connaissent la simplicité de mes mœurs et la pureté de mes intentions. »

C'était, sans doute, la réponse aux intrigues qui avaient tenté d'en faire un restaurateur des Bourbons.

— Il se colporte de bouche en bouche que Bonaparte restera encore à Paris jusqu'à la fin du mois de décembre ; que sa femme est attendue sous très peu de jours ; qu'il cherche une maison de campagne voisine de Paris, où il puisse goûter, pendant quelque temps, le repos dont sa tête et surtout sa santé paraissent avoir besoin. *(L'Écho de l'Europe* du 18 décembre 1797).

L'acquisition de la Malmaison par sa femme doit sûrement dériver de là.

— On lit, dans le même Bulletin, du 2 novembre : « La cérémonie de la réception du général Berthier et du citoyen Monge au Directoire exécutif, a été très brillante et très applaudie. Les discours prononcés par le Ministre des Relations extérieures, par le général et le savant illustre qu'il présentait, et la réponse du

Directoire, nous ont paru dignes de cette occasion solennelle ; nous avons cru reconnaître dans leur langage le caractère même de cette paix, qui a coûté tant d'efforts, tant de sang et tant de victoires, mais qui ajoute beaucoup à la puissance publique et promet encore davantage au bonheur individuel. »

Il émane du discours de Talleyrand, que le général Berthier, chargé par le citoyen Buonaparte d'apporter le traité définitif conclu entre la République française et l'Empereur, a peut-être contribué le plus aux succès mémorables de Buonaparte, aux victoires de l'armée d'Italie et à la paix glorieuse, dont il apportait l'heureuse nouvelle.

Tous ces discours sont d'une belle éloquence, et n'était que je veux me limiter, ils mériteraient d'être cités en entier.

— J'aime à donner, d'après la *Feuille Politique* du 23 décembre 1797, ces détails particuliers sur la fête donnée à Bonaparte, et qui justifie amplement l'enthousiasme d'alors :

« La galerie du Museum central des Arts a 1.400 pieds de longueur ; la moitié de cette longueur était prise pour le repas civique que les membres du Corps législatif ont, à l'occasion de la paix, donné au général en chef de l'armée d'Italie, et l'on pouvait s'y tourner à peine, tant était considérable la multitude de personnes qui la remplissaient. L'inconvénient le plus désagréable et cependant le plus ordinaire de nos fêtes, c'est qu'à l'instant même où elles doivent commencer, rien n'est fini. »

Cela me fait penser à nos Expositions universelles.

« Le dîner était fixé pour cinq heures ; devant en être les témoins, nous sommes arrivés à près de six, et pas un lampion n'était allumé, et le temple de l'Immortalité, qu'il avait fallu rétablir après la chute de plusieurs machines, sortait à peine de ses fondements. 500 ouvriers étaient occupés à travailler dans la galerie et, malgré les ordres des inspecteurs, les travaux languissaient. Au reste, la galerie, éclairée des deux côtés par un double rang de lanternes et de lampions de couleur arrangés en festons, garnie par intervalles de transparents bien peints, ouverte par un très bel arc de triomphe, terminée par le temple de l'Immortalité, occupée dans son milieu par une longue table fort bien servie, présentait un tableau fort intéressant. Enfin, vers les huit heures, tout était, non pas entièrement fini, mais passablement avancé. La musique militaire a fait entendre l'air chéri de la liberté. On a vu arriver, à la suite des Présidents des deux Conseils, les membres du Directoire, Bonaparte, plusieurs généraux, le Corps diplomatique et tous les représentants. Le héros a été placé sous l'écusson de l'armée d'Italie, devant un général français couronné par la Renommée et entouré des noms de toutes les victoires remportées par les braves qu'il commandait. En voyant cette multitude immense de trophées enlevés à l'ennemi, ce nombre prodigieux de triomphes qui ont signalé le courage des Français, quelle âme n'eût pas été émue?... Les pages de l'histoire ne pourront suffire à contenir tant d'exploits. Les deux Présidents, à côté desquels étaient les membres du Directoire et le général *italique*, ont porté des toasts. Les acclamations, les airs chéris, le bruit de l'artillerie qui les suivait, enivraient les amis de la République, et nous eussions désiré que l'ennemi qui nous reste à vaincre eût entendu ces élans patriotiques des Français, réunis de cœur et d'âme à leur invincible gouvernement. Laïs et Cléron devaient, sur une petite tribune élevée à cet effet, faire entendre des hymnes analogues à la fête; l'impossibilité d'obtenir du silence d'un si grand nombre de convives et de spectateurs a fait renoncer à ce projet. Ce n'a été qu'à la table des inspecteurs, des administrateurs du Musée, des militaires, des musiciens réunis, que ces hymnes ont été chantées et qu'elles ont rempli d'enthousiasme ceux qui les entendaient. Après un banquet où la gaîté, la cordialité, l'harmonie ont régné parmi les convives, le cortège est sorti, non par le grand salon d'exposition, ainsi que nous l'avions annoncé, mais par le côté opposé, parce que le grand salon n'était pas assez éclairé pour qu'on pût y voir les chefs-d'œuvre conquis par nos armées, et qu'il était encombré de trop d'échafaudages pour pouvoir y librement circuler... »

— Une anecdote rapportée dans la *Feuille Politique* du 24 Xbre:

« Le héros de l'Italie était assis, ces jours passés, entre deux dames charmantes. *La gloire ne peut être mieux placée qu'entre l'esprit et la beauté*, lui dit un jeune officier. Bonaparte, en montrant les deux dames, répond avec grâce : *Vous ne craignez donc pas d'offenser l'une et l'autre?* »

— Cueilli dans la *Feuille Politique* du 30 décembre :

« C'est jeudi prochain que le ministre Talleyrand donne une fête à la citoyenne épouse du général Bonaparte. »

Tout concourait donc à proclamer l'astre levant.

« Quelques membres du Directoire exécutif, le Ministre de l'Intérieur et le général Buonaparte se sont rendus hier, à huit heures du soir, au Conservatoire de Musique, pour y entendre le morceau que Paëziello a fait en l'honneur du général Hoche, sur l'invitation de Buonaparte. On y a aussi exécuté celui que Cherubini a fait sur le même sujet. Les amis des arts seraient flattés qu'on exécutât ces morceaux en public, pour les entendre et les juger. »

— Voici la lettre que Bonaparte écrivit à Camus, président, à l'occasion de sa nomination à l'Institut :

« Citoyen Président, le suffrage des hommes distingués qui composent l'Institut, m'honore. Je sens bien qu'avant d'être leur égal, je serai longtemps leur écolier. S'il était une manière plus expressive de leur faire connaître l'estime que j'ai pour eux, je m'en servirais.

« Les vraies conquêtes, les seules qui ne donnent aucun regret, sont celles que l'on fait sur l'ignorance ; l'occupation la plus honorable comme la plus utile pour les nations, c'est de contribuer à l'extension des idées humaines. La vraie puissance de la République française doit consister, désormais, à ne pas permettre qu'il existe une seule idée nouvelle, qu'elle ne lui appartienne. »

Langage plein de grandeur, qui dit à lui seul l'homme exceptionnel qu'était Bonaparte.

— Une autre anecdote. Comme on demandait à Bonaparte comment il avait pu consentir à conclure la paix à des conditions aussi avantageuses pour l'Empereur : « Je jouais au vingt-un, dit-il, j'avais vingt dans ma main : je m'y suis tenu. »

C'est une réponse pleine de sens pour ceux qui critiquent si facilement les opérations qu'ils ne sont pas à portée de juger, faute de les bien connaître.

CHAPITRE III

Il est toujours question d'une descente en Angleterre. — A propos d'un opéra. — Portrait de Bonaparte par David. — Rumeurs d'une expédition en Egypte. — On est toujours plus inquiet à Londres qu'on ne veut le paraître. — A propos d'un portrait gravé de Bonaparte. — Encore les Anglais.

L'idée d'opérer une descente en Angleterre prend corps.

Le général Buonaparte, dit la *Feuille Politique* du 17 janvier 1798, a demandé plusieurs anciens marins distingués par leurs lumières et leur expérience, afin de les faire concourir à la grande expédition qui doit anéantir le gouvernement tyrannique de Londres, et le Directoire exécutif n'a pas hésité à les lui accorder.

La même feuille, du 10 février, nous apprend que Bonaparte a quitté Paris pour aller visiter les cantonnements de l'armée d'Angleterre le long des côtes et que la plupart des officiers de l'état-major de cette armée sont partis en même temps.

— Il aurait été bien étonnant qu'une personnalité comme celle de Bonaparte ne fût pas attaquée.

Voici ce qu'on criait dans les rues, dit la *Feuille Politique* du 17 février : *Buonaparte dévoilé aux yeux de la France et de l'Europe entière. Il est signé et dans toutes les règles; c'est l'œuvre d'un excellent patriote.* Le ton des aboyeurs annonce quelque chose de sinistre. Telles sont les premières lignes : « On trouve dans tous les siècles, chez tous les peuples, des réputations usurpées; et la carrière des armes est peut-être celle qui offre le plus d'exemples de ce genre. Qu'un général, par le concours des circonstances, ou grâce à sa témérité, soit heureux à la guerre, on ne manque pas de l'appeler *grand homme* et de le mettre tout d'un coup en parallèle avec Alexandre et César. On n'a que trop vu dans la Révolution française de ces Césars d'un moment qui, après avoir jeté quelque éclat, se sont éclipsés subitement, ou qui, par leur perfidie, ont diffamé leur célébrité première. Nous citerons entre autres Dumouriez, qui vit en un instant tous les lauriers de Jemmapes se flétrir à Nerwinde et qui crut couvrir ses fautes par la plus lâche des trahisons. »

Ces lignes marquent évidemment de perfides insinuations.

Revenons au projet de débarquement en Angleterre.

Bonaparte s'était rendu à Dunkerque, afin de voir et d'essayer des chaloupes canonnières d'une nouvelle forme jugées très propres à transporter et à débarquer aisément de la cavalerie en Angleterre.

Toujours aux mêmes fins, il fut vu à Bruxelles, après être passé, en outre de Dunkerque, par Niewport, Ostende, Bruges, Gand et Anvers. Il s'était rendu au spectacle et y avait été reconnu, bien que voyageant incognito. Les officiers municipaux chargés de la police avaient fait mettre une garde d'honneur à la porte de sa loge (*Feuille Politique* du 22 février 1798).

— Une preuve de sagesse tout à l'honneur de Bonaparte :

Un opéra ayant pour titre : *Les Français en Angleterre*, devait être joué au théâtre de la République et des Arts; mais le général Bonaparte observa avec raison au Directoire qu'il était indigne de la nation française de mettre la moindre jactance dans une expédition où elle mettait tant de vigueur; que le gouvernement britannique pouvait enfin ouvrir les yeux sur les périls qui le menaçaient de tous côtés ; il ne fallait pas irriter l'orgueil qui l'empêcherait d'accepter la paix à des conditions raisonnables. Aussi l'ordre de suspendre la pièce fut-il donné. (*Feuille Politique* du 6 mars 1798).

— Bonaparte acclamé :

Le général venait d'assister à la fête de la Souveraineté du peuple du deuxième arrondissement, place du Théâtre Italien. Il y était comme simple spectateur, accompagné de sa femme et de son beau-fils, Eugène de Beauharnais. Malgré la modestie de son vêtement et la précaution qu'il avait prise pour conserver l'incognito, tous les regards étaient fixés sur la croisée qu'il occupait au coin de la rue Favart. Il avait attendu, pour sortir, que le cortège fût entièrement défilé, croyant n'avoir pas été reconnu ; mais la foule s'étant portée à la porte de la maison où il était, il ne put se soustraire aux acclamations de joie, aux cris de *Vive Buonaparte!* (*Feuille Politique*) du 20 mars 1798).

— Bonaparte et le célèbre peintre David :

Lorsque celui-ci commença le portrait du général, il lui proposa de le représenter sur le pont de Lodi. « Non, lui répondit

Bonaparte, toute l'armée y était. » Le peintre demeura très embarrassé, ne sachant quelle attitude adopter qui fût digne du vainqueur de l'Italie. « Peignez-moi calme, sur un cheval fougueux, lui dit alors Bonaparte. » (*Feuille Politique,* du 28 mars 1798).

— Rumeurs d'une expédition en Egypte :

Il circule dans le public, que Bonaparte doit se mettre en route incessamment pour une partie ignorée de nos côtes. Certains même vont jusqu'à désigner Toulon. Il paraît avéré, en effet, que des généraux se sont rendus en toute diligence à Toulon; que des préparatifs maritimes ont été faits dans ce port avec une grande activité; que 10.000 hommes de troupes y sont ou sont à la veille d'y arriver et qu'ils sont destinés à un embarquement. Que faut-il penser encore du bruit d'une expédition en Egypte, ce qui permettrait de s'approcher ainsi des Indes et d'y attaquer la puissance anglaise, et de ces savants que le gouvernement adjoindrait à l'expédition avec une grande quantité d'instruments de toute sorte, en vue de recherches ?

On est intrigué parce que les uns s'embarquent à Toulon et les autres à Bordeaux. Bref, toutes les têtes fermentent de toute part, les imaginations les plus actives semblent avoir résolu le problème du mouvement perpétuel, les projets succèdent aux projets ; du reste, on en est arrivé à ne plus mettre au nombre des fables les desseins les plus gigantesques et les plus extraordinaires en apparence (*Feuille Politique* du 1er avril 1798).

Ces bruits voulaient-ils dire qu'on croyait impraticable la descente en Angleterre et qu'on pourrait bien caresser un autre plan qui pourtant pouvait être considéré comme corollaire du premier ?

En attendant, le Directoire exécutif prenait l'arrêté suivant :

Art. 1er. — Le général Bonaparte se rendra à Brest dans le courant de la présente décade, pour y prendre le commandement de l'armée d'Angleterre.

Art. 2. — Il est chargé de la direction de toutes les forces de terre et de mer destinées à l'expédition contre l'Angleterre.

A Anvers, les commissaires de la marine achetaient des bâtiments marchands de 30 tonneaux et au-dessus, pour concourir à cette expédition. On faisait des réquisitions de chevaux. On mettait Mayence sur un formidable pied de défense, on procédait à la restauration des fortifications du pont de Neuwied ; il fallait prévoir le cas d'une attaque de la flotte anglaise.

Il ne déplaira pas de connaître ce qu'on pensait à Londres où l'on n'était pas aussi tranquille qu'on voulait le paraître. Rien de plus significatif, à cet égard, que cet extrait d'un article du *Courrier de Londres* : « Des gens habiles et très instruits ne veulent pas croire à la descente ; mais d'autres personnes raisonnables persistent dans l'opinion de la tentative et du défaut de succès. Voici sur quoi elles se fondent : l'expédition échouera, mais elle sera tentée ; l'amour-propre fera passer sur les dangers et ceux qui la décrètent ne sont pas ceux qui la font. « Cette « expédition est hypothéquée sur l'honneur national, a dit Jean « Debrie, nous serions la fable de l'Europe, si elle n'avait pas « lieu. » Ce mot dit tout, il est l'arrêt de mort de 100.000 Français. Si l'entreprise n'est pas tentée, ce sera par la non jonction des flottes de l'Adriatique et de Toulon à Cadix et de Cadix à Brest ou par la survenance d'une grande guerre continentale »... Cela continue par quantité de considérants techniques, qui semblent destinés à s'empêcher d'avoir peur. J'en arrive tout de suite à la conclusion : « On dispute beaucoup sur les radeaux ; je crains qu'il n'en soit d'eux comme de la comète qui a occupé tout Paris. Ils ne sont encore connus que par les rapports d'un capitaine danois. Cet homme n'est sûrement pas dans le secret ; il n'a eu l'entrée ni des constructions, ni des arsenaux. Il n'a pas pris les mesures au plus juste. Sûrement nous verrons du neuf. On doit s'y prendre d'après le génie de la Révolution et de ses chefs ; mais je crois que des gens comme Buonaparte, comme les ingénieurs et les constructeurs les plus distingués, mettront plus de confiance dans l'excellente direction des moyens déjà connus, que dans l'essai de quelques machines dont la triste fin les rendrait ridicules. Sûrement Buonaparte n'a nulle envie de se noyer ni de faire rire à ses dépens. Si ce dernier arrive, ce sera de bon jeu et non sur un misérable cheval de bois renouvelé des Grecs. Enfin, comme il est inévitable qu'une partie de l'armement ne réussisse pas à prendre terre, ce qui arrivera ne peut être bon à rien et les Anglais peuvent préparer des prisons. La saison sera contraire aux Français. Ils ne peuvent rien tenter avant le mois de juin ; alors la beauté de la mer et la longueur des jours ne permettent pas de dérober des mouvements, comme fit Hoche, parti à la fin de décembre. »

L'Angleterre put se rassurer, puisque ce fut l'expédition d'Egypte qui prévalut.

— En passant, une annonce concernant le « portrait du général Bonaparte », souhaitant que, sur ses indications, quelque collectionneur mît la main dessus. Il s'agit d'un portrait haut de quatorze pouces et demi sur dix pouces et demi de large, gravé au lavis en couleur, par P. M. Alix, d'après Appiani. Ce portrait, est-il dit, parfaitement exécuté, est aussi parfaitement ressemblant. Il a été calqué sur le tableau qui a été fait à Milan par Appiani. Les personnes qui connaissent le mieux le général Buonaparte assurent que de tous les portraits qui ont été faits de lui, celui-ci est le plus fidèle. (*Feuille Politique* des 3 et 4 avril 1798).

On est, malgré tout, toujours dans l'appréhension, à Londres. Voici ce qu'on rapporte de cette capitale : « Quelque formidables que soient les préparatifs des Français, on a peine à croire ici qu'ils veuillent exécuter le projet de descente en Angleterre. L'on doute même qu'ils en aient la possibilité, puisque les moyens extraordinaires qu'ils emploient ne peuvent opérer sans le concours d'une flotte nombreuse de vaisseaux de ligne et autres bâtiments de guerre. Or toutes les mesures sont prises pour empêcher la réunion des forces maritimes que les Français pourraient faire concourir à cette expédition : leurs ports sur l'Océan sont étroitement bloqués; la jonction des escadres françaises de la Méditerranée avec l'escadre espagnole et de celle-ci avec la flotte de Brest, est en quelque façon rendue impossible, par la sage distribution et la supériorité des forces navales de l'Angleterre. Cependant notre gouvernement ne continue pas moins de prendre des mesures sérieuses pour prévenir les effets d'une descente. Sur tous les points des côtes menacées, on est en armes, et l'ordre est donné pour qu'à la plus légère apparence de débarquement, tous les habitants hors d'état de servir se retirent dans l'intérieur des terres, en emportant tout ce qui sera transportable et en brûlant ou détruisant tout ce qui pourrait offrir des ressources à l'ennemi. On parle de brûlots d'une nouvelle construction qui, habilement dirigés, pourront produire le plus grand effet et incendier les flottes françaises jusque dans leurs ports. Il est aussi question d'enjoindre à tous les commandants de nos bâtiments de guerre de couler à fond tout navire français qui aura à bord des troupes de débarquement. L'on voit par toutes ces dispositions que si l'expédition est tentée, la lutte sera terrible et le résultat singulièrement funeste pour l'un ou l'autre parti. (*Feuille Politique* du 22 germinal an VI).

Ne voit-on point là une tactique d'opposer à l'invention de radeaux français, celle du brûlot anglais ? Les Anglais, en un mot, crient beaucoup pour s'empêcher d'avoir peur.

TROISIÈME PARTIE

Départ pour l'Egypte et débarquement à Alexandrie (1797-1798)

CHAPITRE Ier

Le mouvement vers l'Egypte se dessine. — La prise de Malte aux yeux des Anglais. — Pensée de Catherine II au sujet des Indes. — Débarquement à Alexandrie. — En marche sur le Caire. — Description du Caire. — Désastre maritime. — Placard sur Bonaparte. — Accident survenu à Plombières à la citoyenne Bonaparte. — Lettre d'un général à bord de l'Orient.

L'expédition d'Egypte prend de plus en plus corps dans l'opinion publique, puisqu'on signale d'Auxerre qu'on y a vu passer un convoi immense de toutes sortes d'outils propres à travailler la terre, tels que pioches, leviers, pieds de roche, etc. ; que la destination est pour Toulon et que cette opération a pour but la descente en Egypte, où l'on creusera un canal, en vue d'anéantir le commerce anglais dans les Indes. Il est toujours décidé, dit la rumeur publique, que « cette expédition des Argonautes » sera commandée par *Jason*-Bonaparte (*Feuille Politique* du 6 floréal an VI).

— La prise de Malte par Bonaparte fut jugée par les Anglais eux-mêmes comme un succès incalculable : La République française devenant maîtresse du Levant et commandant au commerce de cette riche partie du monde, peut, avec quelques bâtiments en croisière entre Malte et la Sicile d'un côté, Malte et l'Afrique de l'autre, empêcher sans peine les vaisseaux ennemis de franchir cette barrière; une escadre stationnée dans les beaux ports de l'île, commandera les côtes de l'Italie sur la mer Adriatique, où la France possède déjà l'île importante de Corfou; elle pourra donner la loi à Candie et aux autres îles turques. Si elle veut ouvrir une communication avec la Mer Rouge, Malte doit être considérée comme l'entrepôt des divers matériaux nécessaires à une telle entreprise.

Mais qui eût cru que le plan médité par Bonaparte avait été formé par l'impératrice Catherine II ?

Toujours les commentaires venus de Londres, commentaires voyant juste :

« Quelque romanesque que paraisse le plan de jeter en Egypte les fondements de la conquête des Indes, un projet de cette nature a été formé par la dernière impératrice de Russie, au moment où le plus vif ressentiment l'animait contre la cour de Londres. Cette princesse était décidée à envoyer une armée par Bocchara et Cachemire, pour placer le Mogol sur le trône de l'Inde, et chasser les Anglais de leurs possessions. Il y avait alors en Russie des Français, qui avaient été envoyés sur les lieux par M. de Vergennes et qui offrirent de conduire l'armée. »

Telles étaient les conjectures d'une feuille ministérielle anglaise. (*Nouvelles de Paris* du 27 messidor an VI).

Cette porte sur les Indes, la Russie en a toujours la clef et il serait malhabile aux Anglais de se faire des ennemis des Russes, qui ne seront pas toujours malheureux et qui pourraient s'en souvenir.

Ne disait-on pas en Russie, au moment de la guerre du Japon, qu'une armée lancée contre les Indes aurait été autrement populaire ?

— Une petite pointe contre le journalisme :

« Tandis que les papiers anglais assurent très sérieusement que l'expédition de Buonaparte a été prédite il y a plus de trois cents ans, par les Bohémiens, les papiers français s'évertuent à qui mieux mieux à lui fixer un objet. Les Indes, l'Egypte et Constantinople sont les trois points sur lesquels ils varient, sans vouloir s'en écarter. Mais on sait que nos journalistes ne voient ni aussi loin ni aussi clair que les Bohémiens. »

En attendant, la flotte anglaise, avec Nelson, est à la poursuite de Bonaparte avant et depuis Malte ; mais le général français pourrait bien être déjà à Alexandrie depuis quelques jours.

C'en était fait, Bonaparte avait échappé à la flotte anglaise et les troupes françaises étaient entrées en Egypte où déjà l'Angleterre nous disputait la suprématie.

En un mot, Bonaparte avait débarqué, le 13 messidor, avec toute son armée à Alexandrie ; après avoir fait un traité d'amitié avec les chefs arabes, il avait dirigé ses colonnes par le Nil vers le Caire où il était entré lui-même, le 5 thermidor, à la tête de l'armée, et enfin, maître de toute la basse Egypte, il continuait sa marche. Mais il y eut une ombre au tableau. L'escadre de l'amiral Brueys, qui se disposait à rentrer en France, fut attaquée par l'escadre anglaise supérieure en nombre, et, malgré une chaude et héroïque résistance, ne put échapper au désastre (*Nouvelles de Paris* du 30 fructidor).

-- Une description du Caire d'alors, intéressera vivement, j'en suis certain :

« Le Caire est une ville immense. Il n'y a ni places régulières, ni rues alignées, ni beaux édifices publics. Les rues sont sales, étroites et tortueuses, et comme elles ne sont point pavées, la foule des hommes, des chameaux, des ânes et des chiens qui s'y pressent, élève habituellement une poussière incommode, à laquelle succède une mer de boue fétide, lorsque les particuliers s'avisent d'arroser devant leurs portes. Contre l'usage de l'Orient, les maisons sont à deux et trois étages et couvertes en terrasses.

« C'est sur ces terrasses, couvertes d'orangers et de grenadiers, que les femmes prennent souvent le bain sans courir d'autres risques que d'être aperçues des crieurs publics qui, du haut des minarets, invitent le peuple à la prière.

« Il y a trois cents mosquées dans le grand Caire, dont la plupart sont ornées de plusieurs minarets, espèces de clochers très élevés, construits avec beaucoup de légèreté et entourés de galeries. Ils varient très agréablement l'uniformité d'une ville dont tous les toits sont en terrasses. C'est de là, qu'environ 800 voix se font entendre cinq fois par jour et au même instant, dans tous les quartiers de la ville, pour rappeler ses habitants à leurs devoirs envers la divinité.

« Le château du Caire, placé sur un rocher escarpé, environné de murs épais soutenus de grosses tours, était très fort avant l'invention de la poudre.

« Ce château renferme le palais ruiné des anciens sultans d'Egypte, la manufacture où se fabrique le riche tapis que l'*Emir-Hogi* ou prince de la caravane porte tous les ans à la Mecque, le palais du pacha, la salle du divan, l'hôtel de la monnaie et le fameux puits de Joseph.

« Ce puits de Joseph, que les uns disent avoir été creusé par le fils de Jacob, d'autres par un vizir de ce nom, sous le règne de Sala-Eddin, a 280 pieds de profondeur sur 42 de circonférence, et est entouré dans toute sa hauteur d'un escalier dont la pente est si douce, que les chameaux et les bœufs peuvent aisément y descendre.

« Le Caire a trois lieues de circuit, et dans cette enceinte il y a beaucoup de jardins, de cours, de terrains vides et de ruines. Volney estime sa population à 250.000 âmes. Mais il est difficile de rien savoir au juste sur cet article, puisque les musulmans ayant des préjugés superstitieux contre toute espèce de dénombrement, ne tiennent registre ni des naissances, ni des morts, ni des mariages.

« Parmi les singularités qui frappent un étranger dans cette ville, on peut citer la quantité prodigieuse de chiens hideux qui vaquent dans les rues; des milans qui planent sur les maisons en jetant des cris importuns et lugubres. Loin de tuer les uns et les autres, les musulmans les respectent, leur jettent les débris de leurs tables et fondent quelquefois des hôpitaux uniquement pour les chiens vagabonds.

« Un autre phénomène non moins remarquable, c'est la grande quantité d'aveugles qu'on y rencontre. Sur cent personnes, dit Volney, il n'est pas rare de compter vingt aveugles, dix borgnes et vingt autres dont les yeux sont rouges, tachés ou purulents. Cette maladie a pour cause première, la salinité de l'air, très sensible dans le Delta, et pour causes secondes, la malpropreté des Egyptiens et la nature de leurs aliments.

« Dans un climat brûlé par le soleil, l'eau est le premier de tous les besoins; le Nil seul, sans le secours du ciel, en fournit aux Egyptiens... »

Ainsi le héros français a dû arriver à Alexandrie au moment où le fleuve commençait à croître, et au Caire, dans le moment de sa grande crue.

— Voici les réflexions que *le Rédacteur* faisait sur le dernier combat naval entre Brueys et Nelson :

« Que peut faire à la France la destruction de la flotte aux ordres de l'amiral Brueys, fût-elle même entière ? Sans doute reculer sa vengeance *totale* ; mais la victoire de Nelson, toute complète qu'elle peut être, peut-elle empêcher ou même retarder les heureux effets de l'expédition confiée à l'infortuné Brueys ? Si l'armée d'Egypte a pour but de tarir à sa source une des branches les plus considérables de la prospérité anglaise, cette victoire, que le canon de la Tour de Londres annoncera avec fracas, ne sera-t-elle pas l'avant-coureur et le tocsin de la ruine du commerce anglais dans l'Inde ? (*Nouvelles de Paris*).

Quand la flotte française s'embarqua pour l'Egypte, elle avait à bord, sur le vaisseau amiral, les citoyens Berthollet, Venture, Magallon, Arnaud et Regnaud de Saint-Jean-d'Angély.

L'état-major était nombreux et brillant. On y comptait les noms que la gloire et l'estime publique avaient depuis longtemps désignés à l'admiration et au respect de l'Europe : Berthier, Desaix, Dommartin, Caffarelli, Kléber, Baraguey-d'Hilliers. Les meilleures demi-brigades de l'armée d'Italie étaient rassemblées sur la flotte.

Toutes les divisions réunies, elle était forte de trente bâtiments de guerre, tant vaisseaux de ligne que frégates et deux à trois cents navires de transport.

Il y avait sur la flotte une compagnie aérostatique, avec deux ballons de 30 pieds de diamètre, une bibliothèque complète, une vingtaine d'imprimeurs, au moins six mille ouvriers de tout art, un cabinet de physique et de chimie et une infinité d'instruments. (*Le Nouvelliste Politique* du 14 prairial).

D'une lettre écrite à bord de *l'Orient*, vaisseau monté par le général Bonaparte, du 11 prairial :

« Nous ne faisons pas beaucoup de chemin ; ce n'est que vers le soir que le vent remplit nos voiles. Notre vaisseau est si encombré, que nous avons à peine la place de suspendre nos hamacs. L'eau est très mauvaise, et cette privation en est une grande pour des soldats français, quoiqu'ils ne craignent ni les fatigues, ni les privations, ni les plus grands dangers ».

« Signé : L. »

— Dans *le Nouvelliste Politique* du 2 messidor, an VI, il est reparlé de la citoyenne Bonaparte, dont on dit qu'elle a passé à Lyon deux jours et qu'elle va prendre les eaux de Plombières, pour revenir dans un mois et aller rejoindre son mari en Egypte. Elle avait reçu, le 21, un courrier de son mari, qui lui écrivait du cap méridional de Sardaigne et lui annonçait qu'il allait entrer à Malte et y mettre garnison française, et de là suivre sa route. Tout le convoi était en bon ordre ; on n'avait signalé aucun Anglais.

— Il grandissait, il grandissait toujours, dirais-je de Bonaparte, à propos de l'affichage à profusion sur tous les murs de Paris du placard suivant, dont les termes constituent un portrait moral frappant du héros, et bien tel que la postérité l'a représenté et le représente encore :

SUR BUONAPARTE

« Comment vous rendre l'expression de tête de Buonaparte, me disait son peintre Appiani ; elle renferme le caractère des têtes de tous les conjurés contre César ! Il y a chez lui plusieurs Brutus. Il paraît toujours méditer ce que lui seul peut exécuter.

« Je l'ai observé à l'armée, il aimait le soldat, il l'a vêtu et nourri, il en était le père.

« La sévérité de ses mœurs a été telle en Italie, qu'elle l'a fait soupçonner d'insensibilité. Cette opinion eût été générale, sans le tendre attachement qu'il montrait à son épouse.

« En prenant le commandement en chef, il parut fermer ses oreilles et son cœur, même à l'amitié. Son âme de feu se réfugia dans sa tête. L'armée et la République avaient besoin d'un homme, pour qu'il n'y eût point de Capoue en Italie.

« Sa politesse réservée et sa supériorité ont toujours déconcerté les solliciteurs, les intrigants et les flatteurs.

« Cet ascendant, cette force d'attraction et de répulsion étaient nécessaires pour maintenir dans leurs orbites les parties d'un monde nouvellement sorti du chaos.

« De ses généraux à lui était la même distance que des soldats aux généraux.

« Un de ses talents est de mettre et de tenir chacun à sa place. Avant d'être général, il s'était fait une manière expéditive de connaître les hommes. Il les brusquait du premier abord :

« Par la manière dont ils répondent, disait-il, je connais le ton « de leur âme. » Frappez un bronze avec un gant, il ne rend aucun son ; frappez-le d'un marteau, il retentit.

« Ses proclamations sont d'un style grand, impétueux, incorrect, animé. L'aigle, les torrents, la foudre sont les termes familiers de ses comparaisons. *Ossian* est son livre favori.

« Il fait tout par lui-même. Depuis six mois que je suis avec lui, me disait un de ses secrétaires, il ne m'a pas encore fait écrire une lettre.

« Comment l'ennemi aurait-il pu surprendre des secrets qu'il ne communiquait à personne ?

« Quel ardent foyer doit être le cœur de cet homme! Le mouvement de ses paupières, de ses yeux, sa marche et sa voix annoncent une âme impatiente et tumultueuse. Les vents ont beau souffler, tourmenter, soulever les passions, il est toujours maître du gouvernail.

« Il tient à ses pieds les passions viles. Aucun Italien ne peut lui redemander sa femme ni ses trésors.

« L'histoire dira s'il devait et pouvait faire la paix sans livrer Venise. Sur ce point, il en appelle lui-même à la postérité. »

En effet, certains dans l'opinion publique le blâmaient de n'avoir pas gardé Venise en traitant avec l'empereur.

« Quand on compare cet homme extraordinaire avec le vainqueur des Gaules, on ne peut s'empêcher de dire : Buonaparte est supérieur à sa gloire. La barque du pêcheur ne portait que la fortune de César, *l'Orient* porte les destins de Buonaparte et les vengeances de la République. »

— Quel portrait ! quel homme ! se met à penser le rédacteur du *Nouvelliste Politique*. Mais que veut-il, que demande-t-on ? Pourquoi cet enthousiasme, pourquoi ces affiches si nombreuses et ces lecteurs si avides ? Est-ce Alcibiade qu'on attend au Pirée, est-ce Monck qui menace la liberté ? Erreur sans doute. Mais n'est-il pas imprudent d'élever un homme si haut, qu'on ne puisse plus le fixer sans danger pour ses yeux ?

« Des préférences excessives, dit le président de Montesquieu, données à un citoyen dans une république, ont toujours des effets nécessaires : *Elles font naître l'envie du peuple*, ou *elles augmentent sans mesure son amour*. »

Ce rédacteur ne pressentait-il, en vérité, Napoléon !

— D'autres nouvelles, mais saisissantes, sur la citoyenne Bonaparte :

Tout le monde apprenait avec douleur qu'elle avait failli être victime d'un terrible accident aux eaux de Plombières. Tandis qu'elle causait avec quatre femmes, sur le balcon d'une des fenêtres de son appartement, sans doute à cause de la faiblesse ou de la pourriture des étais qui le supportaient, le balcon s'écroula avec fracas dans la rue. Deux des femmes furent tuées dans la chute, deux autres grièvement blessées, alors que la citoyenne Bonaparte, « par suite du génie qui protégea son mari et nos destinées, n'a reçu que quelques légères contusions. »

(*Le Nouvelliste Politique*, du 10 messidor).

— A l'homme extraordinaire, convenaient les termes de la fable héroïque.

Un général écrivait des bouches de Bonifacio, à bord de *l'Orient*, la lettre suivante à l'un de ses amis :

« Vous ne vous êtes point trompé dans vos conjectures. On pense comme vous sur *l'Orient*. Ce nouvel Argos, sous la conduite d'un nouveau Jason, portera le héros français à la conquête de la Toison d'or. Nous saurons l'arracher aux Anglais et la route la plus courte qui nous ouvre les destinées, c'est l'Egypte. Cette expédition va causer une grande révolution dans le commerce des deux mondes. »

CHAPITRE II

Une république ancienne en Egypte. — A propos de Malte. — Superbes aperçus sur l'Egypte et première conception du percement de l'isthme de Suez. — Considérations sur Bonaparte.

Une république en Egypte, bien avant qu'on ait songé, en France, à en fonder une dans ce pays, centre du despotisme oriental, voilà qui est de nature à bien étonner. Il en fut cependant ainsi :

En 1250, immédiatement après la défaite de saint Louis, les Mamelouks Baharites, Turcs d'origine, massacrèrent Touran-Chah, le dernier prince de la famille des Aïoubites. En sa personne finit la domination des princes arabes sur l'Egypte, et le gouvernement monarchique.

Les Mamelouks Baharites changèrent la forme du gouvernement, en prenant l'avis du Conseil dont ils formaient les membres. Il pouvait créer des ministres, des gouverneurs, des généraux, pourvu qu'il choisît parmi les Mamelouks.

Dans l'espace de 136 ans, que les Mamelouks Baharites gouvernèrent l'Egypte, ils eurent 27 rois, ce qui annonce des règnes bien courts et bien orageux.

Selim, empereur des Turcs, leur enleva cette conquête, en 1517. Pour se gagner leur affection, il changea peu de chose à la forme de leur gouvernement, et le traité qu'il fit avec eux mérite d'être rapporté pour sa curiosité. Le voici :

« Quoique nos armées invincibles aient conquis, avec l'aide du Tout-Puissant, le royaume d'Egypte, cependant, par un effet de notre bienveillance, nous accordons aux 24 sangiaks (gouverneurs) de ce pays, un gouvernement républicain, aux conditions suivantes :

« 1° La République d'Egypte reconnaîtra notre souveraineté, et, pour marquer son obéissance, elle regardera comme notre représentant, le lieutenant qu'il nous plaira de lui envoyer et qui fera sa résidence dans le château du Grand Caire. Durant son administration, il n'entreprendra rien ni contre notre volonté, ni contre les intérêts de la République; mais il se concertera avec les beys (ou sangiaks), pour ce qui concernera le Bien de l'Etat. Si notre lieutenant se rendait désagréable aux beys, s'il attentait à leurs privilèges, nous les autorisons à le suspendre de ses fonctions et à porter leurs plaintes à notre Sublime Porte, afin qu'ils soient délivrés de son oppression ;

« 2° En temps de guerre, la République sera obligée de fournir à nous et à nos successeurs, 12.000 hommes de troupes, commandées par des Sangiaks et de les entretenir à ses frais jusqu'à la paix ;

« 3° Chaque année, la République lèvera 560.000 *aslani* (trois livres tournois) et les enverra à notre Sublime Porte, qui lui en délivrera quittance en bonne forme, à laquelle seront apposés notre sceau et celui de notre vizir ;

« 4° La République lèvera une somme pareille de 560.000 aslani pour l'entretien de Médine et de la Mecque ;

« 5° La République prélèvera annuellement sur les productions du pays, un million de cousses (mesure équivalente à 170 livres) de grains, savoir : 600.000 de froment et 400.000 d'orge, pour être versés dans nos magasins (8.500.000 boisseaux, mesure de Paris) ;

« 6° En vertu de l'exécution de ces articles, la République jouira d'un empire absolu sur tous les habitants de l'Egypte ; mais dans les affaires qui concernent la religion, elle prendra l'avis du Mollah, ou grand-prêtre, qui sera soumis à notre autorité et à celle de nos successeurs.

Fait et signé par notre clémence, en faveur de la République d'Egypte, l'an 887 de l'hégire (1517 de l'ère chrétienne). »

Ce n'était pas si mal conçu de la part du vainqueur.

C'est avec une scrupuleuse attention qu'il conserva le titre de république à sa conquête, tout en lui imposant des lois.

— Nous verrons bientôt, dit *le Nouvelliste Politique* du 15 messidor, quels avantages nous pourrons tirer à notre tour et surtout s'il est possible de couper l'isthme de Suez pour rouvrir la porte de communication avec les Indes orientales, ce qui a fait le sujet de tant d'oiseuses conversations depuis deux mois.

— Quelques lignes à propos de Malte :

Regnault de Saint-Jean-d'Angely, embarqué avec Bonaparte comme son ami, fut chargé par lui d'exercer à Malte les fonctions de commissaire civil, tandis que le général Vaubois y restait avec le commandement militaire et 5000 hommes de garnison.

Bonaparte avait confiance dans le succès maritime, puisqu'il comptait sortir de Malte le 1er messidor, laisser tout son convoi dans le port, chercher lui-même les Anglais et présenter le combat avec toutes les chances de succès, grâce à la supériorité du nombre. Il était parti avec 13 vaisseaux, avait armé en flûte, à Malte, un vaisseau vénitien, tandis que deux autres vaisseaux vénitiens l'avaient joint avec le convoi de Civita-Vecchia. Il avait pris aussi un bâtiment maltais de 60 canons. Enfin, il avait réparti sur sa flotte un grand nombre d'excellents matelots turcs et devait faire servir son artillerie par ses compagnies d'élite des héros de l'armée d'Italie ; quelle qu'eût été l'issue du combat, pensait-il, les Anglais devaient au moins en sortir hors d'état de tenir et, par conséquent, d'empêcher les Français de continuer leur expédition.

Ses dernières lettres portaient du reste :

« Je sais que l'amiral Nelson est à ma poursuite, je vais mettre le convoi en sûreté, aller à sa rencontre, l'attaquer et le battre. »

Nelson craignit-il de se mesurer, puisque Bonaparte ne le rencontra point et put débarquer indemne en Egypte ?

Hélas ! quand la flotte française voulut rentrer en France, la défaite l'attendait sur les rivages même d'Egypte !

(*Le Nouvelliste Politique*).

— Voici de magnifiques aperçus sur l'Egypte rencontrés dans *le Nouvelliste Politique* du 16 messidor an VI :

. . . .

« La possession de cette riche contrée équivaudrait à celle de toutes nos colonies d'Amérique quant aux productions coloniales, et de plus nous enrichirait de tout le commerce des Anglais dans l'Inde, dont elle nous ouvrirait la communication par l'isthme de Suez et triplerait nos retours sur ceux de nos rivaux. Cet isthme, qu'en fait-on ?

« On le coupe à Paris. Car rien n'arrête ni n'étonne les Parisiens dans leurs spéculations politiques et guerrières.

« Mais le projet de le couper, qui parut impraticable à l'antiquité, a-t-il cessé de l'être ?

« L'espace qui sépare les deux mers n'est que de 19 lieues et le canal du Languedoc en a 64. Mais tous les voyageurs s'accordent à dire que, dans les parties où la Mer Rouge et la Méditerranée se correspondent, le rivage de part et d'autre est un sol bas et sablonneux où les eaux forment des marais entrecoupés de grèves, en sorte que les vaisseaux ne peuvent s'approcher de la côte qu'à une grande distance. Or comment, dit Volney, pratiquer un canal durable dans des sables mouvants ?

« La différence des niveaux forme une seconde difficulté. On s'est moqué trop légèrement de Strabon et des anciens qui pensaient que la Mer Rouge était plus élevée que la Méditerranée. Cependant cette idée n'était pas si dénuée de raison, quand on observe que, depuis le canal de Colzonia jusqu'à la mer, le Nil, dans un espace de plus de 30 lieues, a une pente très sensible.

« Ce n'est donc point à couper l'isthme de Suez, que Bonaparte appliquera ses soins et emploiera ses savants. Soliman II y employa vainement les bras de 50.000 hommes. Mais il fera ce qui a déjà été fait, un canal du Nil à la Mer Rouge.

« Sésostris le creusa, et, selon Strabon, il avait 170 pieds de large et 30 de profondeur.

« Les Ptolémées le rétablirent, Trajan le renouvela. Il est aujourd'hui comblé. Mais on en voit encore les traces, surtout depuis le Caire jusqu'au *Lac des Pèlerins*.

« Cette opération serait également avantageuse à la France et à l'Egypte :

« A l'Egypte, qui deviendrait comme autrefois l'entrepôt général du commerce de l'Asie et de l'Europe.

« A la France, à qui elle offrirait une source inépuisable de richesses et un vaste débouché pour ses manufactures.

« C'est une belle et grande idée que celle d'aller fonder une colonie en Egypte, d'y ranimer les arts et l'industrie, d'y rétablir des villes sur les débris de celles de Memphis, de Thèbes et d'Héliopolis ; de réveiller les facultés engourdies de ses habitants.

« Les habitants actuels n'ont probablement jamais entendu parler ni d'Alexandre ni de Cléopâtre. Mais il est digne de Bonaparte de leur montrer le premier dans sa personne, et de faire revivre les grâces et l'esprit de la seconde, dans celle de son épouse.

« Savez-vous que l'Egypte fournissait pour cinq mois de vivres à la capitale du monde ?

« Bonaparte n'y trouvera pas autant de trésors que le jeune Octave; mais il lui procurera les mêmes avantages qu'elle retira de sa soumission aux Romains. Longtemps avant la conquête, ses rois n'étaient que des monstres. Sous les empereurs, elle recouvra son commerce, ses mœurs, ses lois et sa splendeur. »

A quelles réflexions n'entraîne pas ce qui précède ?

Ce percement de l'isthme de Suez dont l'idée n'est qu'esquissée plus haut, reçut son accomplissement sous Napoléon III, le neveu précisément du général Bonaparte. Il comprit, ce fut sa meilleure gloire, le parti qu'on pouvait tirer l'influence française en Egypte, dont la France eut à ce moment la possession morale, en attendant sans doute la possession matérielle. N'y prenait-elle pas de plus en plus pied, à la grande jalousie du gouvernement anglais, sans doute, quand des événements encore récents sont venus nous dépouiller de notre prestige à leur profit ? Ils savaient, eux aussi, depuis longtemps, l'importance d'avoir la main sur l'Egypte, importance qui les touchait même plus que nous encore, à cause des Indes. Ils sont venus à bout de leurs désirs ; grâce au canal de Suez, cette importance même est doublée.

Et cette ravissante flatterie à l'égard de Joséphine de Beauharnais, ne fait-elle pas penser encore au voyage triomphal que fit en Egypte l'impératrice Eugénie, à une certaine époque ?

— Je ne quitterai pas *le Nouvelliste Politique* du 16 messidor, sans faire part de ces autres réflexions d'un de ses rédacteurs. Il est curieux comme elles prophétisent les attaques dont Bonaparte fut l'objet, d'abord au moment du 18 brumaire, ensuite quand il fut sacré empereur :

. . . .

« Quand on a vu comme nous avec quelle constante malignité la fortune s'est jouée de tous les calculs, de toutes les espérances, je ne conçois pas comment on peut encore s'abandonner à la manie des conjectures. Pour moi, suivant l'expression de Montaigne : « je me plonge stupidement et tête baissée » dans l'avenir. Mais que deviendra tout ceci ? Quel sera le dénouement de cette longue tragédie, dont la Révolution française a été l'ouverture et à l'issue de laquelle sont maintenant attachées les destinées de la terre entière ? Le christianisme est aux prises avec la philosophie, la république avec la monarchie : qui l'emportera ? Quel est ce jeune homme qui, vainqueur sur terre, vainqueur sur mer, fixe l'attention des peuples et des rois ? qui me dira son secret ? Petit bourgeois d'une grande ville, que l'importe ? qui t'a dit d'ailleurs que ce jeune guerrier avait un secret ? Qui t'a appris qu'il était autre chose qu'un instrument aveugle entre les mains de celui, dit Bossuet, « qui règne dans « les cieux et de qui relèvent tous les empires, à qui seul appar- « tient la gloire, la majesté et l'indépendance. »

« Comme vous, je me plais à croire que la victoire restera fidèle à Buonaparte, que, nouvel Alexandre, il ira planter son drapeau sur les bords du Gange et de l'Indus et que la conquête de l'Angleterre lui obtiendra de l'admiration des hommes un surnom plus glorieux que celui d'*Italien*; mais enfin, au milieu de ces chutes d'empires qui tombent avec un fracas effroyable les uns sur les autres, demandez-lui ce qu'il veut, interrogez-le sur ses destinées futures, sur celles de la France et tenez pour certain que la fortune amènera des résultats tout contraires à ceux qu'il se flatte d'opérer.

« Il veut la liberté, peut-être la fatalité l'a-t-elle déjà condamné à devenir un tyran, un usurpateur ?...

. . . .

« Quelle est donc cette folie de se tourmenter à vouloir deviner un homme qui ne se connaît pas lui-même, deviner un avenir que l'éternelle sagesse a daigné rendre impénétrable ? »

. . . .

Je retiens ces réflexions sur la Révolution française, qui est loin encore aujourd'hui d'être la fin de tout.

Combien est profonde et combien elle prête à la méditation, la pensée de Bossuet !

Usurpateur est bientôt dit ; la Révolution elle-même ne fut-elle pas usurpatrice ?

N. B. — Les trois parties qui précèdent représentent une première série ; j'espère en donner une seconde beaucoup plus importante encore, qui comportera : *La Campagne d'Egypte, Le 18 brumaire* et *Le Consulat.*

Imprimerie L. Duc et Cie, 125, rue du Cherche-Midi, Paris.

TABLE DES MATIÈRES

DU MÊME AUTEUR

Dernières nouveautés parues :

Une période de la vie communale d'Épernay (1540-1752) avec vues 2.50

Essais d'histoire biographique et littéraire sur les Champenois marquants de l'époque Louis XIV 2.50

Notice historique sur les communes du chemin de fer d'Épernay à Montmirail, avec vues 1.25

Une intrigue dans un bal paré à Versailles, sous Louis XV, avec illustrations. . . . . 1 »

Marion de Lorme au château de Baye, drame en vers, historique, local, en 1 acte, avec portrait 1.50

Théroigne de Méricourt et le marquis de Saint-Huruge, portrait et illustrations de l'époque 2.50
Édition de luxe . . . . 3 »

L'arrestation du marquis de Saint-Vallier, seigneur de Vauchamps, en 1793 et 1795. Enquête, défense et mise en liberté. (Illustrations de l'époque) 1.25

Le comédien Baron, l'abbé d'Allainval et Adrienne Lecouvreur. Portrait de cette dernière . . . . 1 »

La vérité sur l'arrestation de Louis XVI à Varennes, d'après des documents du temps, par un Champenois 1.50

En Champagne : *Vallée de Moslins* : Notice historique sur les communes de Moslins et de Mancy. . 1 »

Varennes épisodique . . . . 2 »

Benjamin Franklin en France 1.50

En préparation :

Le général Bonaparte et la presse de son époque (2e série).

Le Directoire caricaturisé en prose et en vers, d'après des documents de l'époque.

Charlotte Corday telle qu'il faut la voir, d'après des documents de l'époque.

Le Palais-Royal sous les ducs d'Orléans, depuis le Régent jusqu'à Philippe-Egalité.

Le Théâtre sous Louis XVI.

Saint-Martin d'Ablois pendant la Révolution.

Imp. L. DUC & Cie, 125, rue du Cherche-Midi, Paris.